C000174164

Johann Gottlieb Fichte

Der geschlossene Handelsstaat

Johann Gottlieb Fichte: Der geschlossene Handelsstaat

Erstdruck: Tübingen (Cotta) 1800.

Vollständige Neuausgabe mit einer Biographie des Autors
Herausgegeben von Karl-Maria Guth
Berlin 2015

Der Text dieser Ausgabe folgt:
Johann Gottlieb Fichtes sämmtliche Werke. Herausgegeben von I. H.
Fichte, Band 1-8, Berlin: Veit & Comp., 1845/1846.

Die Paginierung obiger Ausgabe wird hier als Marginalie zeilengenau
mitgeführt.

Umschlaggestaltung von Thomas Schultz-Overhage

Gesetzt aus Minion Pro, 11 pt

Die Sammlung Hofenberg erscheint im
Verlag der Contumax GmbH & Co. KG, Berlin
Herstellung: BoD – Books on Demand, Norderstedt

Die Ausgaben der Sammlung Hofenberg basieren auf zuverlässigen
Textgrundlagen. Die Seitenkonkordanz zu anerkannten Studienausgaben
machen Hofenbergtexte auch in wissenschaftlichem Zusammenhang
zitierfähig.

ISBN 978-3-8430-7781-1

Bibliografische Information der Deutschen Nationalbibliothek

Die Deutsche Nationalbibliothek verzeichnet diese Publikation in der
Deutschen Nationalbibliografie; detaillierte bibliografische Daten sind im
Internet über www.dnb.de abrufbar.

Inhalt

Der geschlossene Handelsstaat

Ein philosophischer Entwurf als Anhang zur Rechtslehre

und

Probe einer künftig zu liefernden Politik

Vorläufige Erklärung des Titels

Den juridischen Staat bildet eine geschlossene Menge von Menschen, die unter denselben Gesetzen und derselben höchsten zwingenden Gewalt stehen. Diese Menge von Menschen soll nun auf gegenseitigen Handel und Gewerbe unter und für einander eingeschränkt, und jeder, der nicht unter der gleichen Gesetzgebung und zwingenden Gewalt steht, vom Antheil an jenem Verkehr ausgeschlossen werden, sie würde dann einen *Handelsstaat*, und zwar einen geschloßenen Handelsstaat bilden, wie sie jetzt einen geschlossenen juridischen Staat bildet. 388

4

Seiner Exzellenz

dem Königl. Preussischen wirklichen geheimen Staats-Minister und Ritter des rothen Adler-Ordens

Herrn von Struensee

Euer Excellenz
erlauben, dass ich, nach der Sitte besonders älterer Dedications-Schriftsteller, vor *Ihnen* meine Gedanken niederlege über den Zweck und den wahrscheinlichen Erfolg einer Schrift, die ich *Ihnen* hierdurch öffentlich, als ein Denkmal meiner freien Verehrung; zueigne. – Casaubonus unterredet an der Spitze seiner Ausgabe des Polybius mit Heinrich dem Vierten sich sehr unbefangen über das Studium der Alten und die gewöhnlichen Vorurtheile in Rücksicht dieses Studiums. Verstatten *Euer Excellenz*, dass ich ebenso unbefangen mit Ihnen, im Angesichte des Publicums, über das Verhältniss des speculativen Politikers zum ausübenden mich unterrede.

Die letzteren haben zu allen Zeiten den ersteren das Recht zugestanden, über Einrichtung und Verwaltung der Staaten ihre Gedanken vorzutragen, ohne dass sie übrigens an diese Gedanken sich sehr gekehrt, und von den Platonischen Republiken und utopischen Verfassungen derselben ernsthafte Kunde genommen hätten. Auch ist der Vorwurf der *unmittelbaren* Unausführbarkeit, der den Vorschriften der speculativen Politiker von jeher gemacht worden, zuzugeben; und gereicht den Urhebern dieser Vorschläge gar nicht zur Unehre, wenn sie nur mit denselben in einer idealen Welt geblieben sind, und dieses ausdrücklich bekennen, oder es durch die That zeigen. Denn so gewiss in ihren Gedanken Ordnung, Consequenz und Bestimmtheit ist, so gewiss passen ihre Vorschriften aufgestelltermaassen nur auf den von ihnen vorausgesetzten und erdichteten Zustand der Dinge, an welchem die allgemeine Regel, wie an einem Exempel der Rechenkunst, dargestellt wird. Diesen vorausgesetzten Zustand findet der ausübende Politiker nicht vor sich, sondern einen ganz anderen. Es ist kein Wunder, dass auf diesen eine Vorschrift nicht passet, welche aufgestelltermaassen auf ihn nicht berechnet ist.

Doch wird der Philosoph, wenn er nur nicht seine Wissenschaft für ein blosses Spiel, sondern für etwas Ernsthaftes hält, die *absolute* Unausführbarkeit seiner Vorschläge nimmermehr zugeben oder voraussetzen; indem er in diesem Falle seine Zeit ohne Zweifel auf etwas Nützlicheres wenden würde, als auf ein von ihm selbst dafür erkanntes Begriffe-Spiel. Er wird behaupten, seine, wenn sie nur *reintheoretisch* aufgestellt worden, unmittelbar unausführbaren Vorschriften, indem sie in ihrer höchsten Allgemeinheit auf *alles* passen, und eben darum auf *nichts Bestimmtes*, müssten für einen gegebenen wirklichen Zustand *nur weiter bestimmt werden*: ebenso, wie man durch die Kenntniss des allgemeinen Verhältnisses der Seiten und Winkel zu einander im Triangel noch keine einzige wirkliche Seite oder Winkel im Felde erkennt, und noch immer an irgend ein Stück Maassstab und Winkelmesser wirklich anlegen und messen muss; aber durch die Kenntniss des allgemeinen Verhältnisses in den Stand gesetzt wird, das Übrige durch *blosse Rechnung*, ohne wirkliche Anlegung des Maassstabes zu finden.

Diese weitere Bestimmung der im reinen Staatsrechte aufzustellenden allgemeinen Regel geschieht nun meines Erachtens in der Wissenschaft, deren Begriff ich im folgenden bestimme, und sie *Politik* nenne; und welche ich gleichfalls für das Geschäft des speculativen Philosophen *als solchen* halte (denn dass der ausübende Politiker zugleich auch ein speculativer Philosoph seyn könne, – vielleicht auch das umgekehrte Verhältniss stattfinde, ergiebt sich von selbst). Einer als politisch sich ankündigenden Schrift würde der Vorwurf und der Beweis der Unausführbarkeit ihrer Vorschläge zu grösserer Unehre gereichen, als einer staatsrechtlichen. Zwar geht meines Erachtens auch die Politik, so gewiss sie nur Wissenschaft, nicht aber die Praxis selbst ist, nicht von einem durchaus bestimmten wirklichen Staate aus, – indem es sodann keine allgemeine, sondern nur eine besondere Politik seyn würde für England, Frankreich, Preussen, und zwar für diese Staaten im Jahre 1800, und zwar im Herbste des Jahres 1800, u.s.w. – sondern von dem Zustande, der etwa allen Staaten der grossen europäischen Republik in dem Zeitalter, da sie aufgestellt wird, gemeinschaftlich ist. Noch immer hat der ausübende Politiker die in gewisser Rücksicht noch immer allgemeine Regel auf den besonderen Fall anzuwenden, und für *jeden* besonderen Fall ein wenig anders anzuwenden; aber diese allgemeine Regel liegt doch der Anwendung weit näher.

Wenn eine Politik nach dieser Idee nur sonst gründlich, mit richtiger Kenntniss der gegenwärtigen Lage, aus festen, staatsrechtlichen Principien, und mit richtiger Folgerung aus diesen, bearbeitet wäre, so könnte diese Politik meines Erachtens nur noch dem blossen Empiriker unnütz scheinen, welcher überhaupt keinem Begriffe und keinem Calcul, sondern nur der Bestätigung in unmittelbarer Erfahrung vertraut, und der sie verwerfen würde, weil sie doch nicht Thatsachen, sondern nur Begriffe und Berechnungen von Thatsachen enthielte, mit einem Worte, weil sie nicht Historie wäre. Ein solcher Politiker hat eine Anzahl von Fällen und von gelungenen Maassregeln, welche andere vor ihm in diesen Fällen genommen haben, in seinem Gedächtnisse vorräthig. Was ihm auch vorkomme, denkt er an einen jener Fälle, und verfährt wie einer jener Politiker vor ihm, deren einen nach dem anderen er aus dem Grabe erweckt, in seinem Zeitalter wieder darstellt, und so seinen politischen Lebenslauf zusammensetzt aus sehr verschiedenen Stücken sehr verschiedener Männer, ohne aus sich selbst etwas hinzuzuthun. Ein solcher wäre bloss zu befragen, wem denn diejenigen, die die von ihm gebilligte und nachgeahmte Maassregel zuerst gebraucht, nachgeahmt hätten; und worauf sie denn bei Ergreifung derselben gerechnet, ob auf vorhergegangene Erfahrung oder auf Calcul? Er wäre zu erinnern, dass alles, was nun alt ist, irgend einmal neu gewesen; dass das Menschengeschlecht in diesen letzten Zeiten doch unmöglich so herabgekommen sein könne, dass ihm nur noch Gedächtniss und Nachahmungsvermögen übriggeblieben. Es wäre ihm zu zeigen, dass durch den ohne sein Zuthun geschehenen und durch ihn nicht aufzuhaltenden Fortgang des Menschengeschlechtes gar vieles sich verändert habe, wodurch ganz neue, in den vorigen Zeitaltern weder zu ersinnende, noch anzuwendende Maassregeln nöthig gemacht würden. – Es liesse sich ihm gegenüber eine vielleicht lehrreiche historische Untersuchung anstellen über die Frage, ob mehr Übel in der Welt durch gewagte Neuerungen entstanden sey, oder durch träges Beruhen bei den alten, nicht mehr anwendbaren oder nicht mehr hinlänglichen Maassregeln.

Ob die gegenwärtige Schrift die eben erwähnten Erfordernisse einer gründlichen Behandlung der Politik an sich habe, darüber maasst der Verfasser derselben sich keine Stimme an. In Absicht ihres eigentlichen Vorschlages, den Handelsstaat ebenso wie den juridischen zu schliessen, und des entscheidenden Mittels zu diesem Zwecke, der Abschaffung des *Welt–* und Einführung des *Landes*-Geldes, sieht er freilich voraus, dass kein Staat diesen Vorschlag annehmen *wollen* wird, der nicht *müsste*, und dass der letztere die versprochenen Vortheile von dieser Maassregel nicht haben werde; dass der Vorschlag sonach *unbeschliessbar*; und da eben nie ausgeführt wird, wozu man sich nicht entschliessen kann, eben darum auch *unausführbar* gefunden werden wird. Der deutlich oder nicht deutlich gedachte Grund dieses Nichtwollens wird der seyn, dass Europa über die übrigen Welttheile im Handel grossen Vortheil hat, und ihre Kräfte und Producte, bei weitem ohne hinlängliches Aequivalent von seinen Kräften und Producten, an sich bringt, dass jeder einzelne europäische Staat, so ungünstig auch in Beziehung auf die übrigen europäischen Staaten die Handelsbilanz für ihn steht, dennoch von dieser gemeinsamen Ausbeute der übrigen Welt einigen Vortheil zieht, und die Hoffnung nie aufgiebt, die Handelsbilanz zu seinen Gunsten zu verbessern, und einen noch grösseren Vortheil zu ziehen; auf welches alles er durch seinen Austritt aus der grösseren europäischen Handelsgesellschaft freilich Verzicht thun müsste. Um diesen Grund des Nichtwollens zu heben, müsste gezeigt werden, dass ein Verhältniss, wie das Europens gegen die übrige Welt, welches sich nicht auf Recht und Billigkeit gründet, unmöglich fortdauern könne: ein Erweis, der ausserhalb der Grenzen meines gegenwärtigen Vorhabens lag. Aber auch nachdem dieser Erweis geführt wäre, könnte man mir noch immer sagen: »Bis jetzt wenigstens dauert dieses Verhältniss, – dauert die Unterwürfigkeit der Colonien gegen die Mutterländer, dauert der Sklavenhandel – noch fort, und wir werden es nicht erleben, dass alles dieses aufhöre. Lasst uns Vortheil davon ziehen, so lange es noch hält; die Zeitalter, da es brechen wird, mögen zusehen, wie sie zurecht kommen. Mögen allenfalls diese untersuchen, ob sie aus Deinen Gedanken sich etwas nehmen können; wir können sogar Deinen Zweck nicht wollen, bedürfen sonach gar keiner Anweisung über die Mittel ihn auszuführen.« – Ich bekenne, dass ich hierauf keine Antwort habe.

Der Verfasser bescheidet sich daher, dass auch dieser Entwurf eine blosse Übung der Schule ohne Erfolg in der wirklichen Welt bleiben möge; ein Glied aus der Kette seines allmählig aufzuführenden Systems: und begnügt sich, wenn er durch die Bekanntmachung desselben anderen auch nur die Veranlassung geben sollte, über diese Gegenstände tiefer nachzudenken, und vielleicht auf eine oder die andere in der Sphäre, aus der man nun einmal nicht herausgehen wollen wird, nützliche und anwendbare Erfindung zu gerathen; und er schränkt ausdrücklich und wohlbedacht auf diese Zwecke sich ein.

Euer Excellenz aber geruhen die Versicherung der Verehrung, die ich Ihnen zolle, als einem der ersten Staatsbeamten der Monarchie, in welcher ich einen Zufluchtsort fand, als ich in den übrigen Theilen meines deutschen Vaterlandes mir keinen versprechen durfte, und als Demjenigen,

dessen persönliche Eigenschaften zu bemerken und zu verehren mir ver-
gönnt war, gütig aufzunehmen.

Berlin, den 31. October 1800.

Der Verfasser.

Einleitung.

Vom Verhältnisse des Vernunftstaates zu dem wirklichen, und des reinen Staatsrechts zur Politik.

Das reine Staatsrecht lässt unter seinen Augen den Vernunftstaat nach Rechtsbegriffen entstehen; indem es die Menschen ohne alle vorherige den rechtlichen ähnliche Verhältnisse voraussetzt.

Aber in diesem Zustande findet man die Menschen nirgends. Allenthalben sind sie unter einer, grossentheils nicht nach Begriffen und durch Kunst, sondern durch das Ohngefähr oder die Fürsehung entstandenen Verfassung schon beisammen. In dem letzteren Zustande findet sie der wirkliche Staat; und er kann diese Verfassung nicht plötzlich zerstören, ohne die Menschen zu zerstreuen, zu verwildern, und so seinen wahren Zweck, einen Vernunftstaat aus ihnen aufzubauen, aufzuheben. Er kann nicht mehr thun, als sich dem Vernunftstaate allmählig annähern. Der wirkliche Staat lässt sich sonach vorstellen, als begriffen in der allmähligen Stiftung des Vernunftstaates.

Es ist bei ihm nicht bloss, wie beim Vernunftstaate die Frage, was Rechtens sey, sondern: wie viel von dem, was Rechtens ist, unter den gegebenen Bedingungen *ausführbar* sey? Nennt man die Regierungswissenschaft des wirklichen Staats nach der eben angegebenen Maxime *Politik*, 397 so läge diese Politik in der Mitte zwischen dem gegebenen Staate und dem Vernunftstaate: sie beschriebe die stete Linie, durch welche der erstere sich in den letzteren verwandelt, und endigte in das reine Staatsrecht.

Wer es unternimmt zu zeigen, unter welche Gesetze insbesondere der öffentliche Handelsverkehr im Staate zu bringen sey, hat daher zuvörderst zu untersuchen, was im Vernunftstaate über den Verkehr Rechtens sey; dann anzugeben, was in den bestehenden wirklichen Staaten hierüber Sitte sey; und endlich den Weg zu zeigen, wie ein Staat aus dem letzteren Zustande in den ersteren übergehen könne.

Ich vertheidige mich nicht darüber, dass ich von einer Wissenschaft und einer Kunst, den Vernunftstaat allmählig herbeizuführen, rede. Alles Gute, dessen der Mensch theilhaftig werden soll, muss durch seine eigene Kunst, zufolge der Wissenschaft, hervorgebracht werden: dies ist seine Bestimmung. Die Natur giebt ihm nichts voraus, als die Möglichkeit, Kunst anzuwenden. In der Regierung ebensowohl als anderwärts muss man alles unter Begriffe bringen, was sich darunter bringen lässt, und aufhören, irgend etwas zu Berechnendes dem blinden Zufalle zu überlassen, in Hoffnung, dass er es wohl machen werde.

Erstes Buch. Philosophie.

Was in Ansehung des Handelsverkehrs im Vernunftstaate Rechtens sey.

Erstes Capitel.

Grundsätze zur Beantwortung dieser Frage.

Ein falscher Satz wird gewöhnlich durch einen ebenso falschen Gegensatz verdrängt; erst spät findet man die in der Mitte liegende Wahrheit. Dies ist das Schicksal der Wissenschaft.

Man hat in unseren Tagen die Meinung, dass der Staat unumschränkter Vormünder der Menschheit für alle ihre Angelegenheiten sey, dass er sie glücklich, reich, gesund, rechtgläubig, tugendhaft, und so Gott will, auch ewig selig machen solle, zur Genüge widerlegt; aber man hat, wie mir es scheint, von der anderen Seite die Pflichten und Rechte des Staats wiederum zu eng beschränkt. Es ist zwar nicht geradezu unrichtig, und lässt einen guten Sinn zu, wenn man sagt: der Staat habe nichts mehr zu thun, als nur jeden bei seinen persönlichen Rechten und seinem Eigenthume zu erhalten und zu schützen: wenn man nur nicht oft in der Stille vorauszu- setzen schiene, dass unabhängig vom Staate ein Eigenthum stattfinde, dass dieser nur auf den Zustand des Besitzes, in welchem er seine Bürger antreffe, zu sehen, nach dem Rechtsgrunde der Erwerbung aber nicht zu fragen habe. Im Gegensatze gegen diese Meinung würde ich sagen: es sey die Bestimmung des Staats, jedem erst das Seinige zu *geben*, ihn in sein Eigenthum erst *einzusetzen*, und sodann erst, ihn dabei zu *schützen*.

Ich mache mich deutlicher, indem ich auf erste Grundsätze zurückgehe. 399

I.

Es lebt beisammen ein Haufen von Menschen in demselben Wirkungs- kreise. Jeder regt und bewegt sich in demselben, und geht frei seiner Nahrung und seinem Vergnügen nach. Einer kommt dem anderen in den Weg, reisst ein, was dieser baute, verdirbt oder braucht für sich selbst, worauf er rechnete; der andere macht es ihm von seiner Seite ebenso; und so jeder gegen jeden. Von Sittlichkeit, Billigkeit u. dgl. soll hier nicht ge- redet werden, denn wir stehen auf dem Gebiet der Rechtslehre. Der Begriff des Rechts aber lässt sich in dem beschriebenen Verhältnisse nicht anwenden. Ohne Zweifel wird der Boden, der da getreten, der Baum, der seiner Früchte beraubt wird, sich in keinen Rechtsstreit einlassen mit dem Menschen, der es that. Thäte es aber ein anderer Mensch, welchen Grund könnte dieser dafür anführen, dass nicht jeder andere denselben Boden ebensowohl betreten, oder desselben Baumes Früchte nicht ebensowohl nehmen dürfte, als Er selbst?

In diesem Zustande ist keiner frei, weil alle es unbeschränkt sind, keiner kann zweckmässig irgend etwas ausführen, und einen Augenblick auf die Fortdauer desselben rechnen. Diesem Widerstreite der freien Kräfte ist nur dadurch abzuhelfen, dass die Einzelnen sich unter einander *vertragen*; dass einer dem anderen sage: mir schadets, wenn du dies thust, und wenn der andere ihm antwortet, mir dagen schadets, wenn du dies thust, der erste sich erkläre: nun so will ich das dir Schädliche unterlassen, auf die Bedingung, dass du das mir Schädliche unterlassest; dass der zweite dieselbe Erklärung von seiner Seite thue; und von nun an beide ihr Wort halten. Nun erst hat jeder etwas *Eigenes*, ihm allein und dem anderen keineswegs zukommendes; ein Recht, und ein ausschliessendes Recht.

Lediglich aus dem beschriebenen Vertrage entsteht das Eigenthum, entstehen Rechte auf etwas Bestimmtes, Vorrechte, ausschliessende Rechte. Ursprünglich haben alle auf alles dasselbe Recht, das heisst, kein einziger hat gegen den anderen das mindeste Recht voraus. Erst durch die Verzichtleistung aller übrigen auf etwas, zufolge meines Begehrens es für mich zu behalten, wird es mein Eigenthum. Jene Verzichtleistung aller, und sie allein, ist mein Rechtsgrund.

Der Staat allein ist's, der eine unbestimmte Menge Menschen zu einem *geschlossenen Ganzen*, zu einer *Allheit* vereinigt; er allein ist's, der bei allen, die er in seinen Bund aufnimmt, herumfragen kann; durch ihn allein sonach wird erst ein rechtsbeständiges Eigenthum begründet. Mit den übrigen Menschen auf der Oberfläche des Erdbodens, wenn sie ihm bekannt werden, verträgt er sich im Namen aller seiner Bürger als Staat. Ausser dem Staate erhalte ich allerdings durch meinen Vertrag mit meinem nächsten Nachbar ein Eigenthumsrecht *gegen ihn*, sowie er *gegen mich*. Aber einen dritten, der hinzukommt, verbinden unsere Verabredungen nicht; er behält auf alles, was wir *zwischen uns beiden* das Unsere nennen, ebensoviel Recht, als zuvor, d. i. ebensoviel Recht als wir.

Ich habe das Eigenthumsrecht beschrieben, als das ausschliessende Recht auf *Handlungen*, keinesweges auf *Sachen*. So ist es. So lange alle ruhig nebeneinander sind, gerathen sie nicht in Streit; erst wie sie sich regen und bewegen und schaffen, stossen sie aneinander. Die freie Thätig-keit ist der Sitz des Streits der Kräfte; sie ist sonach der wahre Gegenstand, über welchen die Streiter sich zu vertragen haben, keinesweges aber sind die Sachen dieser Gegenstand des Vertrags. Ein Eigenthum auf den Ge-genstand der freien Handlung fliesst erst, und ist abgeleitet aus dem aus-schliessenden Rechte auf die freie Handlung. Ich werde mich nicht ermü-den, nachzusinnen, wie ich einen *idealen Besitz* dieses Baumes haben könne, wenn nur keiner, der in dessen Nähe kommt, ihn antastet, und wenn nur mir allein es zustehet, zu der mir gefälligen Zeit, seine Früchte abzunehmen. Ich werde dann ohne Zweifel, und kein anderer, diese Früchte abnehmen und geniessen; und dies ist doch das einzige, worum es mir zu thun ist.

Durch diese Behandlung der Aufgabe erspart man sich eine Menge 401 unnützer Spitzfindigkeiten, und ist sicher, alle Arten des Eigenthums in einem durchaus umfassenden Begriffe erschöpft zu haben.

II.

Die Sphäre der freien Handlungen sonach wird durch einen Vertrag aller mit allen unter die einzelnen vertheilt, und durch diese Theilung entsteht ein Eigenthum.

Aber wie muss die Eintheilung gemacht werden, wenn sie dem Rechtsgesetze gemäss seyn soll; oder ist es überhaupt nur genug, dass da getheilt werde, wie diese Theilung auch immer ausfalle? Wir werden sehen.

Der Zweck aller menschlichen Thätigkeit ist der, leben zu können; und auf diese Möglichkeit zu leben haben alle, die von der Natur in das Leben gestellt wurden, den gleichen Rechtsanspruch. Die Theilung muss daher zuvörderst so gemacht werden, dass alle dabei bestehen können. Leben und leben lassen!

Jeder will so angenehm leben, als möglich: und da jeder dies als Mensch fordert, und keiner mehr oder weniger Mensch ist, als der andere, so haben in dieser Forderung alle gleich Recht. Nach dieser Gleichheit ihres Rechts muss die Theilung gemacht werden, so, dass alle und jeder so angenehm leben können, als es möglich ist, wenn so viele Menschen, als ihrer vor-handen sind, in der vorhandenen Wirkungssphäre nebeneinander bestehen sollen; also, dass alle ohngefähr gleich angenehm leben können. Können, sage ich, keinesweges müssen. Es muss nur an ihm selbst liegen, wenn einer unangenehmer lebt, keinesweges an irgend einem anderen.

Setze man eine bestimmte Summe möglicher Thätigkeit in einer gewissen Wirkungssphäre, als die eine Grösse. Die aus dieser Thätigkeit erfolgende Annehmlichkeit des Lebens ist der Werth dieser Grösse. Setze man eine bestimmte Anzahl Individuen, als die zweite Grösse. Theilet den Werth der ersteren Grösse zu gleichen Theilen unter die Individuen; und ihr findet, was *unter den gegebenen Umständen* jeder bekommen solle.

02 Wäre die erste Summe grösser, oder die zweite kleiner, so bekäme freilich jeder einen grösseren Theil; aber hierin könnt ihr nichts ändern; eure Sache ist lediglich, dass das *Vorhandene* unter alle gleich vertheilt werde.

Der Theil, der auf jeden kommt, ist das *Seinige* von Rechtswegen; er soll es erhalten, wenn es ihm auch etwa noch nicht zugesprochen ist. Im Vernunftstaate erhält er es; in der Theilung, welche vor dem Erwachen und der Herrschaft der Vernunft durch Zufall und Gewalt gemacht ist, hat es wohl nicht jeder erhalten, indem andere mehr an sich zogen, als auf ihren Theil kam. Es muss die Absicht des durch Kunst der Vernunft sich annähernden wirklichen Staates seyn, jedem allmählig zu dem Seinigen, in dem soeben angezeigten Sinne des Worts, zu verhelfen. Dies hiess es, wenn ich oben sagte: es sey die Bestimmung des Staates, jedem das Seinige zu geben.

Zweites Capitel.

Allgemeine Anwendung der aufgestellten Grundsätze auf den öffentlichen Verkehr.

I.

Die beiden Hauptzweige der Thätigkeit, durch welche der Mensch sein Leben erhält und angenehm macht, sind: die Gewinnung der Naturproducte, und die weitere Bearbeitung derselben für den letzten Zweck, den man sich mit ihnen setzt. Eine Hauptvertheilung der freien Thätigkeit wäre sonach die Vertheilung dieser beiden Geschäfte. Eine Anzahl Menschen, die nunmehr durch diese Absonderung zu einem *Stande* würden, erhielte das ausschliessende Recht, Producte zu gewinnen; ein anderer Stand das ausschliessende Recht, diese Producte für bekannte menschliche Zwecke weiter zu bearbeiten.

Der Vertrag dieser beiden Hauptstände wäre der folgende. Der zuletzt genannte Stand verspricht, keine Handlung, die auf die Gewinnung des rohen Products geht, und, was daraus folgt, keine Handlung an irgend einem Gegenstande, der der Gewinnung der Producte ausschliessend gewidmet ist, vorzunehmen. Dagegen verspricht der erstere, sich aller weiteren Bearbeitung der Producte, von da an, wo die Natur ihre Arbeit geschlossen hat, gänzlich zu enthalten.

Aber in diesem Vertrage hat der Stand der *Producenten* offenbar den Vortheil über den der *Künstler* (so nähmlich werde ich um der Kürze willen in dieser Abhandlung beide Hauptstände im allgemeinen benennen): Wer im ausschliessenden Besitz der Naturproducte ist, kann aufs mindeste leidlich ohne fremde Hülfe leben; die geringen Bearbeitungen, welcher diese Producte noch bedürfen, um zur Nahrung und zur nothdürftigen Decke zu dienen, lassen sich ihm nicht wohl untersagen, weil es nicht wohl möglich ist, ihn darüber zu bewachen. Dagegen bedarf der Künstler unentbehrlich der Producte, theils zu seiner Ernährung, theils für die ihm ausschliessend zugestandene weitere Bearbeitung. Überdies ist der letzte Zweck des Künstlers gar nicht der, nur bloss zu arbeiten, sondern von seiner Arbeit zu leben; und wenn ihm das letztere nicht vermittelst des ersteren zugesichert ist, so ist ihm in der That nichts zugesichert. Es ist sonach klar, dass, wenn die vorgenommene Vertheilung rechtsgemäss seyn soll, jenem lediglich negativen, und bloss die Vermeidung jeder Störung versprechenden Vertrage, noch ein positiver, eine gegenseitige Leistung verheissender, Vertrag hinzugefügt werden müsse, folgenden Inhalts:

Die Producenten verbinden sich, so viele Producte zu gewinnen, dass nicht nur sie selbst, sondern auch die in ihrem Staatsbunde vorhandenen und ihnen bekannten Künstler sich davon ernähren können, ferner, dass die letzteren Stoff zur Verarbeitung haben; sie verbinden sich ferner, den Künstlern diese Producte gegen die von ihnen verfertigten Fabricate abzulassen, nach dem Maassstabe, dass die Künstler während der Verfertigung derselben ebenso angenehm leben können, als sie selbst während der Gewinnung der Producte leben.

Dagegen machen die Künstler sich verbindlich, den Producenten so viele Fabricate, als sie deren zu haben gewohnt sind, nach dem angegebenen Maassstabe des Preises, und in derjenigen Güte, die in der gegebenen Wirkungssphäre dieses Staats möglich ist, zu liefern.

Es ist sonach ein Tausch, zuvörderst der Producte und Fabricate gegen einander verabredet; und zwar ein verbindender; nicht dass man tauschen und abliefern nur *dürfe*, sondern dass man es *müsse*.

Damit nicht Producent sowie Künstler durch das Herumsuchen und Herumreisen nach der Waare, deren er jetzt eben bedarf, durch die Verabredung der Bedingungen, u. dgl. gestört werde, und ein Zeit- und Kraft-Verlust entstehe, ist es zweckmässig, dass zwischen beide ein dritter Stand in die Mitte trete, der statt ihrer den Tauschhandel zwischen beiden besorge; der Stand der *Kaufleute*. Mit diesem schliessen beide Stände folgende Verträge. Zuvörderst einen negativen: sie thun Verzicht auf jeden unmittelbaren Handel unter einander selbst, wogegen der Kaufmann Verzicht leistet auf unmittelbare Gewinnung der Producte, sowie oben der Künstler, und auf unmittelbare weitere Bearbeitung dieser Producte, sowie oben der Producent.

Dann einen positiven: beide Stände versprechen, die für ihr eigenes Bedürfniss überflüssigen Producte und Fabricate an den Kaufmann zu bringen, und dagegen dasjenige, dessen sie bedürfen, von ihm anzunehmen, nach dem Maassstabe, dass ausser dem oben bestimmten Grundpreise dem Kaufmanne selbst so viele Producte und Fabricate übrigbleiben, dass er während der Besorgung des Handels ebenso angenehm leben könne, als der Producent und Künstler. Dagegen verspricht der Kaufmann, dass sie zu jeder Stunde jedes unter diesem Volke gewöhnliche Bedürfniss, nach dem erwähnten Maassstabe, bei ihm sollen haben können: und macht sich verbindlich, ebenso zu jeder Stunde jeden gewöhnlichen Artikel des Tausches um den oben bestimmten Grundpreis anzunehmen.

Die drei aufgeführten Stände sind die Grundbestandtheile der Nation. Ich habe es hier nur mit dem gegenseitigen Verhältniss dieser Grundbestandtheile zu thun. Die Mitglieder der Regierung, sowie die des Lehr- und Wehrstandes sind bloss um der ersten willen da, und gehen in der Berechnung darein. Was etwa über ihr Verhältniss zum Verkehr gesagt werden muss, wird an seinem Orte beigebracht werden.

II.

Ich habe genug gesagt, um die Lösung meiner Aufgabe zu folgern, wie denn diese Lösung allerdings bloss aus dem soeben gesagten gefolgert werden wird. Lediglich um nicht das Ansehen zu haben, als ob ich zur Sache gehörige Dinge überginge, und um den Leser nicht in dem geheimen Verdachte zu lassen, dass in dem Übergangenen Gründe gegen meine aufzustellenden Behauptungen liegen, führe ich das angefangene Raisonnement noch um einige Schritte weiter; jedoch mit der ausdrücklichen

Erinnerung, dass diese Fortsetzung der Strenge nach nicht zu meinem Zwecke gehöre. Die Producenten, die ich hier als einen einigen Grundstand betrachtet habe, theilen sich wieder in mehrere Unterstände: der Ackerbauer im eigentlichen Sinne, der Gemüse-, Obst-, Kunstgärtner, der Vieherzieher, der Fischer, u.s.w. Ihre ausschliessenden Rechte gründen sich auf eben solche Verträge, wie die der Grundstände. »Enthalte dich dieses Zweiges der Productengewinnung, dagegen will ich mich dieses anderen enthalten. Versprich mir zukommenzulassen von dem, was du erbauest, und lass mich fest darauf rechnen; dagegen will ich von dem meinigen dir zukommenlassen, und du sollst auf mich rechnen können.« Es ist nun, da nicht jeder alle Arten der Producte gewinnen soll, auch ein verbindender Tausch von Producten gegen Producte verabredet. Was von hieraus auf den Kaufmannsstand folge, ergiebt sich von selbst. Jeder Unterstand besteht wiederum aus Individuen; und das Rechtsverhältniss dieser Individuen gründet sich abermals auf Verträge. »Es ist dir allerdings von den übrigen Bürgern das Recht zugestanden worden, den Acker zu bauen, wo du hinkommst, so gut als mir«, sagt ein Ackerbauer dem anderen. »Aber wenn wir auf demselben Boden zusammenträfen, so wirst du wieder säen, wo ich schon gesäet habe; ein andermal wird es mir gegen dich ebenso ergehen, und wir werden beide nichts erbauen. Lass mir daher lieber dieses Stück da zu meiner Bearbeitung, und komme mir darauf nie, dagegen will ich dir jenes dort für die deinige lassen, und es nie betreten. Gehe mir von deiner Seite nicht über diesen gemeinschaftlichen Rain, und ich will dir auch von meiner Seite nicht darübergehen.« Sie werden unter sich und mit allen übrigen, die das Recht Ackerbau zu treiben gleichfalls haben, einig; und dieses ihr allgemeines Vertragen ist der Rechtsgrund ihres Eigenthums: das lediglich in dem Rechte und der Gerechtigkeit besteht, ungestört von irgend einem anderen nach eigener Einsicht und Ermessen auf diesem Stück Boden Früchte zu gewinnen.

Der Grundstand der Künstler theilt sich in mehrere Unterstände, und das ausschliessende Recht eines solchen Gewerks, einen besonderen Zweig der Kunst zu treiben, gründet sich auf Verträge mit den übrigen. »Leistet Verzicht auf die Ausübung dieses Zweiges der Kunst, wir leisten dagegen Verzicht auf die Ausübung eines anderen. Gebt uns, was wir von eueren Fabricaten bedürfen werden, und ihr könnt rechnen, das, was ihr von den unsrigen bedürfen werdet, von uns zu erhalten.« Es ist nun auch ein verbindender Tausch der Fabricate gegen Fabricate verabredet, und die Bestimmung des Kaufmannsstandes hat eine neue Modification erhalten.

Nicht anders verhält es sich mit den Gilden, unter die der Kaufmannsstand die Befugniss, mit bestimmten Artikeln Handel zu treiben, vertheilt hat; und es würde ermüden, zum drittenmale zu sagen, was ich schon zweimal gesagt habe.

Ich gehe zurück zu meinem Vorhaben. – Allen diesen Verträgen, unter welchen nur auf die oben angeführten zwischen den drei Grundständen zu sehen für mein Vorhaben hinlänglich ist – diesen Verträgen, sage ich, giebt das ausgesprochene Gesetz des Staates äussere Rechtsbeständigkeit, und die Regierung hat auf die Beobachtung derselben zu halten.

Sie muss sich in die Lage setzen, es zu können. Die Frage: *was hat die Regierung in Absicht des öffentlichen Verkehrs zu thun*, ist gleichbedeutend mit der folgenden: *was hat sie zu thun, um über die Beobachtung der oben aufgestellten Verträge halten zu können.*

Zuvörderst: der Stand der Producenten soll sich verbinden, die zur Ernährung der übrigen Bürger, und zur gewöhnlichen Verarbeitung nöthigen Producte noch über sein eigenes Bedürfniss zu gewinnen. Er muss dies vermögen; es müssen also nicht mehr Nicht-Producenten in einem Staate angestellt werden, als durch die Producte desselben ernährt werden können. Die Anzahl der Bürger, die sich des Ackerbaues überheben, muss durch den Staat berechnet werden nach der Anzahl der Producenten, der Fruchtbarkeit des Bodens, dem Zustande des Ackerbaues. Wenn z.B. in einem Staate ein Producent durch die ihm anzumuthende Arbeit, Nahrung für zwei Personen, und Stoff zur Verarbeitung beinahe für Einen gewinnen könnte, so dürfte in diesem Staate auf jeden Producenten ein Nichtproducent, d.h. hier vorläufig ein Künstler, Kaufmann, Mitglied der Regierung, des Lehr- oder Wehrstandes, gerechnet werden; und nach diesem Maassstabe wenigere oder mehrere. – Die Productengewinnung ist die Grundlage des Staats; der höchste Maassstab, wonach alles übrige sich richtet. Steht diese unter ungünstigen Natureinflüssen, oder ist die Kunst derselben noch in der Kindheit, so darf der Staat nur wenige Künstler haben. Erst wie die Natur milder wird, und die erste der Künste, die des Ackerbaues, Fortgang gewinnt, darf auch die übrige Kunst steigen, und befördert werden.

Die erste klare Folge für den Staat ist, dass er nach dem eben angegebenen Maassstabe die Zahl derer, die überhaupt den Künsten sich widmen dürfen, auf eine bestimmte einschränke, und nie zugebe, dass diese Zahl, *solange die Umstände dieselben bleiben*, überstiegen werde.

Das entbehrliche ist überall dem unentbehrlichen oder schwer zu entbehrenden nachzusetzen; ebenso in der grossen Wirthschaft des Staates. Die Hände, welche dem Ackerbaue entzogen und den Künsten gewidmet werden können, müssen zunächst auf unentbehrliche Bearbeitungen, und nur so viele, als von diesen übrigbleiben, auf entbehrliche, auf Bedürfnisse des Luxus, gerichtet werden. Dies wäre die zweite klare Folge für den Staat. Er hat nicht nur die Zahl des Künstlerstandes überhaupt, sondern auch die Zahl derer, die sich einem besonderen Zweige der Kunst widmen, zu bestimmen, und überall für die Nothdurft zuerst zu sorgen. Es sollen erst alle satt werden und fest wohnen, ehe einer seine Wohnung verziert, erst alle bequem und warm gekleidet seyn, ehe einer sich prächtig kleidet. Ein Staat, in welchem der Ackerbau noch zurück ist, und mehrerer Hände zu seiner Vervollkommnung bedürfte, in welchem es noch an gewöhnlichen mechanischen Handwerkern fehlt, kann keinen Luxus haben. Es geht nicht, dass einer sage: ich aber kann es bezahlen. Es ist eben unrecht, dass einer das entbehrliche bezahlen könne, indess irgend einer seiner Mitbürger das nothdürftige nicht vorhanden findet, oder nicht bezahlen kann; und das, womit der erstere bezahlt, ist gar nicht von Rechtswegen und im Vernunftstaate das Seinige.

Wie die Regierung sich versichern, und darüber halten könne, dass die bestimmte Anzahl der Künstler nicht überschritten werde, ist leicht einzusehen. Jeder, der in dem schon bestehenden Staate irgend einer Beschäftigung ausschliessend sich zu widmen gedenkt, muss ohnedies von Rechtswegen sich bei der Regierung melden, welche ihm, als Stellvertreterin aller im Namen derselben die ausschliessende Berechtigung ertheilt, und statt aller die nöthige Verzicht leistet. Meldet sich nun Einer zu einem Kunstzweige, nachdem die höchste durch das Gesetz verstattete Zahl der Bearbeiter schon voll ist, so wird ihm die Berechtigung nicht ertheilt, sondern ihm vielmehr andere Zweige angegeben, wo man seiner Kraft bedürfe.

III.

Ich übergehe hier den Punct des Vertrages, welcher die Preise des Fabricats betrifft, um tiefer unten im allgemeinen über den Werth der Dinge zu sprechen.

Der Stand der Künstler macht, laut obigem, sich verbindlich, die unter den gegebenen Umständen der Nation zu verstattenden Fabricate, in der erforderlichen Menge, und in der in diesem Lande möglichen Güte zu liefern. Der Staat hat auch für diesen Punct der Verträge dem Producenten, und allen übrigen Bürgern die Gewähr zu leisten. Was muss er thun, damit dieses ihm möglich sey?

Zuvörderst, damit die Fabricate immer in der erforderlichen Menge vorhanden seyen, hat er zu sorgen, dass die bestimmte Anzahl der Bearbeiter jedes eingeführten Kunstzweiges, und die daraus hervorgehende Anzahl der Künstler überhaupt, ebensowenig vermindert werde und abnehme, als sie, nach obigem, nicht vermehrt werden sollte. Das Gleichgewicht muss fortdauernd gehalten werden. Sollte einmal ein Mangel an Arbeitern in einem gewissen Fache zu befürchten seyn, so dürften freilich die Bürger nicht dadurch aufgemuntert werden, sich demselben zu widmen, dass man ihnen erlaubte, ihr Fabricat zu vertheuern, und so die übrigen Volksklassen zu bevortheilen. Es würde kaum ein anderes Aufmunterungsmittel übrigbleiben, als Prämien aus der Staatskasse, so lange, bis die erforderliche Anzahl von Bürgern – allenfalls einige darüber, denen der Staat vorläufig ihr Fabricat auf den Fall eines künftig zu befürchtenden Mangels, abkaufen könnte – sich wiederum auf diesen Arbeitszweig gelegt hätten. Nachdem diese nun einmal dies und nichts anderes gelernt haben, sind sie von nun an wohl genöthigt, es zu treiben, und der Staat ist wenigstens auf ein Menschenalter gedeckt.

Ferner, damit das Fabricat in der möglichsten Vollkommenheit geliefert werde, hat der Staat jeden, der sich ankündigt, einen Arbeitszweig treiben zu wollen, durch Kunstverständige zu prüfen. Wessen Arbeit nicht wenigstens ebenso gut ist, als die seiner übrigen Kunstgenossen im Lande, dem wird die öffentliche Ausübung seiner Kunst solange versagt, bis er sie besser gelernt hat, und in einer zweiten Prüfung besteht. Ich habe die Forderung der Einwohner auf die *in ihrem Lande mögliche* Vollkommenheit des Fabricats eingeschränkt, und diese Möglichkeit nach dem besten, was von dieser Arbeit bisher im Lande wirklich geliefert worden, beurtheilt. Ich hoffe, dass jedem die Billigkeit dieser Einschränkung und dieser Beurtheilung von selbst einleuchte. Fragen: warum soll ich die Waare nicht in derjenigen Vollkommenheit haben, in welcher sie etwa in einem anderen Lande verfertigt wird? heisst fragen: warum bin ich nicht ein Einwohner dieses Landes? und ist gerade soviel, als ob der Eichbaum fragen wollte, warum bin ich nicht ein Palmbaum, und umgekehrt. Mit der Sphäre, in welche ihn die Natur setzte, und mit allem, was aus dieser Sphäre folgt, muss jeder zufrieden seyn.

IV.

Wir gehen zu dem dritten Hauptstande der Nation über, zu dem Handelsstande. So wie die im Staate zu berechtigende Anzahl der Künstler abhing von der Zahl der Producenten, und vom Zustande der Productengewinnung, so hängt die Anzahl der Kaufleute ab von den Anzahlen beider Stände, und von dem Verhältnisse derselben zu einander. Sie ist zu bestimmen nach der Menge der unter der Nation im Umlauf befindlichen Waaren, zuvörderst also, nach dem Zustande der Kunst überhaupt; dann nach der Vertheilung derselben in mehrere Zweige, sowie nach der Vertheilung der Productengewinnung in mehrere Gewerbe. Was das erstere anbelangt, je höher die Kunst gestiegen ist, desto mehrere Zweige derselben, sonach, desto mehr Fabricate, und desto mehr Producte zur Ernährung und Verarbeitung des Künstlers, *als Waare*; was das zweite betrifft, nur dasjenige, was einer nicht selbst producirt, oder fabricirt, tauscht er ein; jemehr sonach die allgemeine Production und Fabrication *vertheilt* ist, destomehr *Tausch* – bei derselben Menge von Waare. Die Regierung hat diesen in der Nation stattfindenden Tausch zu berechnen, sowie die Menge von Händen, die er sowohl überhaupt, als in den verschiedenen Zweigen desselben, falls eine solche Theilung nöthig befunden wird, beschäftigen werde: sonach den *Handelsstand* auf eine gewisse Anzahl von Personen einzuschränken, die dieser Stand nicht übersteige, unter welche er aber auch nicht herabsinke. Welche Mittel sie in den Händen habe, um auf diese geschlossene Anzahl bei jedem Stande zu halten, ist bei den Künstlern angegeben, und gilt ebensowohl von den Kaufleuten, wie von selbst einleuchtet.

Wichtiger ist der zwischen dem Handelsstande und den übrigen Ständen geschlossene positive Vertrag. Die letzteren thun Verzicht auf jeden unmittelbaren Handel unter einander, versprechen ihre für den öffentlichen Tausch bestimmte Waaren nur an ihn zu verkaufen, und ihre Bedürfnisse nur ihm abzukaufen; dagegen er verspricht, die ersteren ihnen zu jeder Stunde abzunehmen, und die letzteren verabfolgen zu lassen. – Dass der Vertrag auf diese Bedingungen geschlossen werden müsse, so dass die übrigen Stände auf allen unmittelbaren Tausch unter einander Verzicht thun, ist daraus klar, weil ausserdem der Handelsstand kein sicheres zu berechnendes Eigenthumsrecht hätte, sondern von dem Ohngefähr und dem guten Willen der übrigen Stände abhinge. Sie würden durch ihn handeln, nur da wo es ihnen vortheilhafter wäre; und jedesmal unmittelbar tauschen, wo sie hiebei mehr zu gewinnen hoffen. Auch lässt sich bei dem Zurückhalten der für den öffentlichen Handel bestimmten Waaren kaum ein anderer Zweckdenken, als der, durch die verursachte Seltenheit derselben eine künstliche Theuerung zu veranstalten, und so von der Noth des Mitbürgers einen ungerechten Gewinn zu ziehen, welches in einem rechtsgemässen Staate schlechthin nicht stattfinden soll, sich aber nur dadurch verhindern lässt, dass aller Handel in die Hände eines Standes gegeben werde, den man hierüber bewachen kann, welches letztere bei den ersten Producenten oder Fabricanten, aus tiefer unten anzuführenden Gründen, der Fall nicht ist. Dass der Handelsstand sich verbinden müsse, zu jeder Stunde zu kaufen oder zu verkaufen, ist daraus klar, weil jeder Bürger von seiner Arbeit so angenehm leben soll, als er es vermag, und durch die Verzichtleistung auf das Geschäft anderer nicht gefährdet werden soll. Dies aber würde er, wenn er nicht, sobald er es begehrt, für seine Waare das Product des abgetretenen Geschäftes anderer bekommen könnte.

Wie die Regierung über die Erfüllung der zuletzt erwähnten Verbindlichkeit halten könne, ist leicht zu finden. Es ist positives, durch angedrohte Strafe eingeschärftes Gesetz, dass der für bestimmte Artikel eingesetzte Kaufmann jedem, der sie ihm anträgt, abkaufen; jedem, der sie von ihm fordert, verkaufen solle. Der Bürger, dem eins von beiden verweigert worden, klagt, und der Kaufmann wird gestraft. – Aber, wenn er nun die geforderte Waare gar nicht hätte, wie kann er gestraft werden, dass er sie nicht verkauft? sagt man; und ich finde dadurch Gelegenheit zu zeigen, wie die Regierung über die Erfüllung der positiven Verbindlichkeit der übrigen Stände gegen den Kaufmann wachen könne. Kein Kaufmann wird angestellt, der nicht Rechenschaft abgelegt, woher er seine Waare zu ziehen gedenke. Welcher Vorrath in dieser ersten Hand seines Producenten oder Fabricanten befindlich sey, kann Er, der die Ausdehnung des Geschäftes dieses Producenten oder Fabricanten, und den Waarenertrag desselben in gewissen Zeitpuncten kennt, und es weiss, wieviel davon an ihn abgeliefert worden ist, so ziemlich berechnen. Er hat das Recht diesen Vorrath, sogar mit obrigkeitlicher Hülfe, in Anspruch zu nehmen; denn diese Stände sind von Rechtswegen verbunden, zu verkaufen. Die Regierung kann, wie oben gesagt, den ersten Erbauer oder Verfertiger nicht unmittelbar beobachten; aber der auf ihn zu rechnen berechtigte Kaufmann kann es, und vermittelst dessen die Regierung. Wiederum den Kaufmann unmittelbar zu beobachten bedarf die Regierung nicht, auch wenn sie es könnte. Sobald eine Stockung im Handel entsteht, wird der dadurch gefährdete Bürger ohne Zweifel die Regierung benachrichtigen. Solange keiner klagt, ist anzunehmen, dass alles seinen gehörigen Gang gehe.

Wiederum könnte man sagen: wie kann der Kaufmann gestraft werden, dass er nicht eintauscht, wenn es ihm etwa an dem Aequivalente der Waare fehlt? Ich antworte: in einem nach den aufgestellten Grundsätzen organisirten Staate kann keinem Handelshause Waare zum Verkauf gebracht werden, auf deren baldigen Absatz es nicht sicher rechnen könnte, in dem ja die verstattete Production und Fabrication nach dem möglichen Bedürfnisse schon in der Grundlage des Staates berechnet ist. Das Handelshaus kann diesen Absatz sogar erzwingen. Wie man ihm bestimmte Käufer zugesichert hat, ebenso hat man ihm bestimmte Abkäufer zugesichert. Es kennt die Bedürfnisse derselben; kaufen sie nicht bei ihm, so ist vorauszusetzen, dass sie wo anders, etwa aus der ersten Hand, kaufen. Dies läuft gegen die Verbindlichkeit des Käufers sowohl, als des Verkäufers; sie sind darüber anzuklagen, und strafbar. Der Kaufmann in diesem Staate ist sonach vorausgesetzt, dass er seinen Handel mit dem nöthigen Vorschusse angefangen habe, um die Zwischenzeit zwischen dem Einkauf und dem Absatze zu decken, welchen Vorschuss er gleichfalls der Regierung vorher nachzuweisen hat, ehe er seine Berechtigung erhält – er ist, sage ich, immer im Besitze des nothwendigen Aequivalents. In diesem Staate geht durch die Hände des Kaufmanns ein durchaus zu berechnender Ab- und Zufluss.

Ich möchte den Leser nicht durch Auflösung kleiner Schwierigkeiten zerstreuen. Hier nur eine einzige, um an ihrem Beispiele zu zeigen, wie ähnliche sich lösen lassen. – Man erschrecke nicht über die ungeheueren Waarenlager, deren es bei diesem Zustande des Handels bedürfen würde; denn es ist gar nicht nöthig, dass alle Waare des Kaufmanns unter seinen Augen aufgeschichtet sey, wenn er nur weiss, wo sie ist, und jeden Augenblick auf ihre Ablieferung rechnen kann. Bleibe z.B. der Kornvorrath, den ein Kornhändler einem grossen Gutsbesitzer abkaufte, immer in den Speichern, wo er vorher lag, ruhig liegen. Der Kornhändler hat nichts zu thun, als dem nahe gelegenen Bäcker, der bei ihm Korn sucht, die begehrte Quantität in jenen Speichern anzuweisen, und die Fracht ihm von der Bezahlung abzurechnen. Nur soll der Bäcker nicht genöthigt seyn, erst bei den grossen Gutsbesitzern in der Reihe herumzufragen, und vielleicht ohnerachtet sie hinlänglichen Vorrath haben, sich von ihnen abweisen zu lassen, weil sie höhere Preise erzwingen wollen; sondern er soll sicher seyn, durch einen einzigen Gang zum Kornhändler um den bestimmten Preis die Waare, oder eine sichere Anweisung auf die Waare, zu finden.

V.

Noch habe ich über die festen Preise der Dinge in einem rechtsgemässen Staate, deren in obigem öfter erwähnt wurde, meine Gedanken deutlicher auseinanderzusetzen.

Der auf dem Gebiete der Rechtslehre anzunehmende Zweck aller freien Thätigkeit ist die Möglichkeit und Annehmlichkeit des Lebens. Da die letztere sich auf persönlichen Geschmack und Neigung gründet, demnach an und für sich nicht zu einem gemeingeltenden Maassstabe taugt; da ferner die Gegenstände ihres Genusses nur solche sind, die über die blosse Möglichkeit des Lebens hinausliegen, und an ihr erspart worden, sonach sie selbst an dem Maassstabe der ersten gemessen werden müssen, so lassen wir sie vor der Hand gänzlich aus der Rechnung, bis sie von selbst darein fallen werden. Nach diesem wäre der wahre innere Werth jeder freien Thätigkeit, oder – um in die Welt der Objecte zu kommen, in der unser Raisonnement sich leichter bewegen kann, – des Resultates jeder freien Thätigkeit, die Möglichkeit davon zu leben, und das Resultat dieser Thätigkeit, oder Ding, wäre um *soviel mehr werth*, als das andere, als man *länger* davon leben kann. Der Maassstab des relativen Werthes der Dinge gegen einander, wäre die Zeit binnen welcher man von ihnen leben könnte.

Aber man wird durch eine bestimmte Menge von Austern nicht mehr gesättigt, noch länger ernährt, als durch ein Stück Brot von bestimmter Grösse. Beide sollten also, dem angegebenen Maassstabe nach, denselben Werth haben; da doch die ersteren, wenigstens bei uns, weit höher im Preise stehen, als das letztere. Diesen Unterschied verursacht die angenommene grössere Annehmlichkeit des ersten Nahrungsmittels. Um diese Annehmlichkeit vorläufig ganz aus der Rechnung zu bringen, sich aber doch einen Maassstab zuzubereiten, nach welchem man hinterher sie selbst schätzen könnte, müsste man etwas finden, in welchem man auf die blosse Möglichkeit des Lebens, die blosse Ernährung, rechne, und von
der Annehmlichkeit ganz absehe; etwas, das *nach der allgemeinen Annahme der Nation*, jeder zum Leben haben solle und müsse. Dies ist nun unter Völkern, die seit Jahrhunderten sich an den Genuss des Brotes gewöhnt haben, ohne Zweifel das Brot. Dieses, oder, da mit demselben schon eine

Fabrication vorgegangen ist, das Product, woraus es verfertigt wird, Roggen, Weizen u. dergl. hätte nun Werth schlechthin, und nach ihm würde aller andere Werth geschätzt.

Nach diesem Maassstabe wären nun zuvörderst andere Nahrungsmittel in Absicht ihres inneren Werthes zu schätzen. Fleisch z.B. hat als Nahrungsmittel einen höheren inneren Werth denn Brot, weit eine geringere Quantität desselben ebensolange nährt, als eine grössere Quantität Brotes. Eine Quantität Fleisch, womit nach dem Durchschnitte sich einer einen Tag ernährt, ist soviel Korn werth, als derselbe denselben Tag zu seiner Ernährung gebraucht haben würde, und er hat, so weit wir bis jetzt sehen, diese Quantität Korns dafür zu entrichten. Nach Hinzufügung eines neuen Grundsatzes lässt an demselben Maassstabe sich der Werth der Fabricate, und aller Arbeit, die nicht unmittelbar auf Gewinnung der Nahrungsmittel geht, und ebenso der Producte, die nicht zur Nahrung, sondern zur Verarbeitung erbaut werden, berechnen. Der Arbeiter muss während der Arbeit leben können; wozu, falls es einer *Lehrzeit* bedurfte, noch diese zu rechnen, und auf sein Arbeitsleben zu vertheilen ist. Er muss daher für seine Arbeit soviel Korn erhalten, als er brauchen würde, wenn er während der Zeit nur von Brot lebe. Da er neben demselben noch anderer Nahrungsmittel bedarf, so mag er diese gegen das ihm nun übrige Korn, nach dem oben angegebenen Maassstabe, austauschen. Das Product zur Verarbeitung ist soviel Korn werth, als mit der auf die Erbauung desselben verwendeten Mühe, und auf dem Acker, wo es gewachsen ist, Korn hätte erzeugt werden können. Diesen Werth, für den es der Fabricant erlangte, lässt er sich wieder ersetzen; ihn sonach, und das Arbeitslohn ist das Fabricat werth, wenn es aus seinen Händen in die Hände des Kaufmanns übergeht.

Noch müssen wir, um unsere Schätzung des Werthes der Dinge zu vollenden, einen Maassstab für die Annehmlichkeit des Lebens suchen. Auf ein, vom persönlichen Geschmacke eines jeden unabhängiges gemeingeltendes Schätzungsmittel derselben führt uns folgende Betrachtung.

Das Nahrungsmittel, welchem absoluter Werth beigelegt, und das zum Maassstabe aller anderen Dinge bestimmt worden, kann diesen Rang nur dadurch erhalten haben, dass es am leichtesten, d.h. mit dem wenigsten Aufwande von Zeit, Kraft, Kunstfertigkeit und Boden gewonnen wird. Eine Quantität von jedem anderen Nahrungsmittel, *die den gleichen inneren Werth zur Ernährung hat*, wird mehr Aufwand eines oder mehrerer von den genannten Stücken kosten. Dennoch macht die Nation diesen

26

grösseren Aufwand, das Product muss ihr sonach denselben belohnen, und da dies nicht durch den inneren Werth zur Ernährung überhaupt geschieht, kann es nur durch den äusseren zur *angenehmen* Ernährung geschehen. Dieser grössere Aufwand ist es, den nach allgemein geltender Schätzung die Annehmlichkeit dieses Nahrungsmittels unter dieser Nation werth ist. – Sonach das Nahrungsmittel ist *über* seinen inneren Werth durch seine Annehmlichkeit *noch diejenige Quantität des ersten Nahrungsmittels werth, welche, wenn die Gewinnung des ersteren unterblieben wäre, durch Anwendung derselben Kraft und Zeit, und desselben Bodens, von dem letzteren wäre erbaut worden.*

Aus dem Anbaue des Angenehmen folgt nothwendig, dass weniger Nahrung überhaupt erbaut wird, als im Staate erbaut werden könnte. Es ist sonach klar, dass dieser Anbau nicht weiter gehen dürfe, als die Nothdurft aller es erlaubt, und sich nie soweit ausdehnen müsse, dass irgend einer darüber der nothwendigen Nahrung entbehre. Die rechtliche Grenze dieses Anbaues ist gefunden.

Dieser Anbau ist in der That die Ersparung der Kräfte der Nation von dem Unentbehrlichen. Es gebührt sich, dass diese Ersparung verhältnissmässig unter alle gleich vertheilt werde; dass, wie wir oben sagten, alle gleich angenehm leben. Verhältnissmässig habe ich gesagt, d.h. damit diejenige Art von Kraft und Wohlseyn erhalten werde, deren ein jeder für sein bestimmtes Geschäft bedarf. So würde z.B. der Mann, der sich mit tiefem Nachdenken beschäftigt, und dessen Einbildungskraft den Schwung zur Erfindung nehmen soll, nicht einmal seine Nothdurft haben, wenn er sich ernähren sollte, wie der Ackerbauer, der Tag für Tag eine mechanische, nur die körperlichen Kräfte anstrengende Arbeit treibt Für den letzteren ist es kein Übel, dass er an seinen Arbeitstagen seinen Hunger mit einer Menge vegetabilischer Nahrungsmittel stille, die er in der freien Luft ohne Zweifel ausarbeiten wird; eine feine und reinliche Kleidung würde bei seinem Geschäfte ohnedies gar bald verdorben seyn. Dagegen bedarf der, der seine Handarbeit sitzend in der Stube treibt, einer Nahrung, die in kleinerer Quantität genommen sättigt; und derjenige, der, sey es in der höheren Kunst oder in der Wissenschaft, erfinden soll, mannigfaltigerer und erquickenderer Nahrung, und einer Umgebung, welche ihm die Reinlichkeit und das Edle, das in seinem Innern herrschen soll, immerfort auch äusserlich vor die Augen stelle. Aber auch dem ersteren gebührt es, dass er an seinem Ruhetage, an welchem er in eine durchaus menschliche Existenz eintritt, das Bessere, welches der Boden seines Landes gewährt, mitgeniesse, und eine des freien Menschen würdige Kleidung trage.

Nach diesen Grundsätzen lässt sich der Werth, den jede in den öffentlichen Handel gebrachte Waare von Rechtswegen haben müsse, ermessen. Der Kaufmann hat an den Producenten und Fabricanten, aus dessen Händen er sie erhält, soviel zu entrichten, dass beide während der Erbauung oder Verfertigung mit der ihrem Geschäfte angemessenen Annehmlichkeit leben können; der Nichthandelnde, der sie nur aus den Händen des Kaufmanns erhalten kann, hat über diesen Ankaufspreis noch soviel zu entrichten, dass, auch der Kaufmann während seines Handels nach demselben Maassstabe leben könne; es ist, falls Korn als das gemeinschaftliche Maass des Werthes gedacht wird, soviel Korn dafür zu entrichten, dass alle die genannten davon sich ernähren, und für das übrige die anderen ihrer Lebensart zukommenden Bedürfnisse eintauschen können. Diese doppelten Preise jeder in den öffentlichen Handel zu bringenden $\quad$ 418 Waare hat die Regierung, nach vorhergegangener, den aufgestellten Grundsätzen gemässen Berechnung, durch das Gesetz zu bestimmen, und über dieselben durch Strafe zu halten; und nun erst ist jedem das Seinige, – nicht, dessen er sich durch blindes Glück, Bevortheilung Anderer und Gewaltthätigkeit bemächtiget hat, sondern das ihm von Rechtswegen zukommt, – gesichert. – In diesem Staate sind alle Diener des Ganzen, und erhalten dafür ihren gerechten Antheil an den Gütern des Ganzen. Keiner kann sich sonderlich bereichern, aber es kann auch keiner verarmen. Allen einzelnen ist die Fortdauer ihres Zustandes, und dadurch dem Ganzen seine ruhige und gleichmässige Fortdauer garantirt.

Auf das Geld, als künstliches Grundmaass alles Werthes, habe ich hier nicht Rücksicht genommen, indem aus der Theorie des Geldes nichts auf die vorgetragenen Sätze, aus den letzteren aber gar viel auf die Theorie des Geldes folgt. Ebensowenig habe ich auf die Abgaben an den Staat, und auf die Besoldungen der nicht producirenden, fabricirenden oder handelnden Stände gerechnet, indem eine Untersuchung über diese Materie die vorgetragene Theorie vielmehr aufklärt und bestätigt, als dass sie derselben widersprechen sollte. Von diesem allen zu seiner Zeit.

VI.

Der Staat ist verbunden, den aus diesem Gleichgewichte des Verkehrs erfolgenden Zustand allen seinen Bürgern durch Gesetz und Zwang zuzusichern. Aber er kann es nicht, wenn irgend eine Person auf dieses Gleichgewicht Einfluss hat, die unter seinem Gesetze und seiner Botmässigkeit nicht steht. Er muss daher die Möglichkeit eines solchen Einflusses durchaus abschneiden. – Aller Verkehr mit dem Ausländer muss den Unterthanen verboten seyn und unmöglich gemacht werden.

Es bedarf keines Beweises, dass in das aufgestellte Handelssystem der Verkehr der Unterthanen mit Ausländern schlechthin nicht passe. Die Regierung soll darauf rechnen können, dass eine gewisse Menge von Waare in den Handel komme, um dem Unterthanen den fortdauernden Genuss der gewohnten Bedürfnisse immerfort zuzusichern Wie kann sie auf den Beitrag des Ausländers zu dieser Menge sicher rechnen, da derselbe nicht unter ihrer Botmässigkeit steht? Sie soll den Preis der Waare festsetzen, und garantiren. Wie kann sie das gegen den Ausländer, da sie ja diejenigen Preise nicht bestimmen kann, um die er in seinem Lande lebt, und die ersten Materien einkauft? Setzt sie ihm einen Preis, den er nicht halten kann, so vermeidet er hinführo ihren Markt, und es entsteht ein Mangel der gewohnten Bedürfnisse. Sie soll ihrem Unterthanen den Absatz seiner Producte und Fabricate, und den gebührenden Preis derselben garantiren. Wie kann sie das, wenn er in das Ausland verkauft, dessen Verhältniss zu der Waare ihres Unterthanen sie nicht zu übersehen, noch zu ordnen vermag!

Was aus einem richtigen Satze folgt, ist richtig. Ist es nur dem Staate nicht ganz gleichgültig, auf welche Weise der Bürger zu dem gekommen sey, was der Staat für das Eigenthum desselben anerkennen und ihm schützen soll; ist der Bürger nur nicht in Absicht des Erwerbes bis auf einen gewissen Grad, etwa dass er nicht mit gewaffneter Hand einbreche, vogelfrei, und unabhängig vom Ohngefähr, so dass Einer alles an sich raffe, und der andere nichts bekomme; besteht nur nicht die ganze Pflicht der Regierung darin, dass sie jedem den auf irgend eine Weise zusammengebrachten Haufen bewache, und jeden, der nichts hat, verhindere etwas zu bekommen; ist es vielmehr der wahre Zweck des Staates, allen zu demjenigen, was ihnen als Theilhabern der Menschheit gehört, zu verhelfen, und nun erst sie dabei zu erhalten: so muss aller Verkehr im Staate auf die oben angegebene Weise geordnet werden; so muss, damit dies möglich sey, der nicht zu ordnende Einfluss des Ausländers davon abgehalten werden; so ist der Vernunftstaat ein ebenso durchaus *geschlossener Handelsstaat*, als er ein geschlossenes Reich der Gesetze und der Individuen ist. Jeder lebendige Mensch ist ein Bürger desselben, oder er ist es nicht.

Ebenso, jedes Product einer menschlichen Thätigkeit gehört in den Umfang seines Verkehrs, oder es gehört nicht in denselben, und es giebt da kein drittes.

Bedarf ja der Staat eines Tauschhandels mit dem Auslande, so hat lediglich die Regierung ihn zu führen, ebenso wie diese allein Krieg und Friede und Bündnisse zu schliessen hat. Die näheren Gründe dieser Behauptung werden sich tiefer unten aus den Gesichtspuncten ergeben, welche die Regierung bei einem solchen Tauschhandel ins Auge fassen müsste, und können hier noch nicht einleuchtend vorgetragen werden. Hier ist genug, aus allgemeinen Grundsätzen erwiesen zu haben, dass im Vernunftstaate dem einzelnen Bürger ein unmittelbarer Handel mit einem Bürger des Auslandes schlechthin nicht verstattet werden könne.

Drittes Capitel.

Über die vorausgesetzte Vertheilung der Arbeitszweige im Vernunftstaate.

Ein und der andere Leser dürften glauben, dass unsere Theorie durch ihre Vordersätze erschlichen sey, indem das Eigenthum nicht, wie gewöhnlich, in den ausschliessenden Besitz eines Objectes, sondern in das ausschliessende Recht zu einer freien Handlung gesetzt, und die für das menschliche Leben nöthigen freien Handlungen ganz willkürlich unter mehrere Stände vertheilt würden. Das letztere, diese Vertheilung, sey etwas Zufälliges, einem Staate als solchem durchaus Unwesentliches. Es könne Staaten geben, in denen jeder Einwohner sein Stück Acker habe, und seine Nahrung darauf selbst erbaue, einige Stück Zuchtvieh halte, seine Holzschuhe sich selbst schnitze, die Leinwand zu seinem Rocke aus selbst erbautem Hanfe in den Wintertagen selbst webe, u.s.w. Ein solcher Staat habe keinen besonderen Stand der Künstler, kein Gleichgewicht zwischen diesen und den Producenten, keinen Handel, noch Kaufleute; es passe auf denselben kein einziger Zug meiner Theorie; und doch werde ich demselben aus dieser Ursache den Namen eines rechtlichen Staates nimmermehr absprechen wollen. Die Verordnungen über Handel und Gewerbe seyen sonach lediglich Sache des Vortheiles, der Klugheit, und insofern ganz willkürlich, keinesweges ein Gegenstand des strengen Rechtes.

Ich bemerke darauf zuvörderst, dass selbst in einem solchen Staate das Eigenthumsrecht nicht unmittelbar auf den Acker, sondern auf das ausschliessende Recht geht, den Acker nach Willkür zu brauchen, dass ich tiefer unten über diesen Punct noch weitere Erörterungen hinzufügen werde, dass aber derselbe unserer gegenwärtigen Untersuchung nichts verschlägt. Ich bemerke ferner, dass eine Nation in dem beschriebenen Zustande eine armselige, noch zur Hälfte in der Barbarei zurückgebliebene Nation ist; dass, wenn dieselbe aus ihrer eigenen Mitte regiert wird, und ihre Regenten keine andere Bildung haben, als die unter ihr zu erlangende, an eine weise Gesetzgebung und Staatseinrichtung bei derselben kaum zu gedenken ist; und nur in dieser Rücksicht, dass keiner über die Grenze seines *Wissens* ebensowenig wie über die seines *Könnens* hinaus, verbunden werden kann, würde ich eine Staatsverwaltung, die unter diesen Umständen in ihrer Gesetzgebung auf einen solchen Zustand der Dinge, und auf das Beharren in einem solchen Zustande der Dinge rechnete, mit der Benennung einer rechtswidrigen verschonen. Aber dass eine Regierung, die das Bessere kennte, oder zu kennen vermöchte, denselben Zweck sich setzte, und dieselbe Rechnung machte; dass diese nichts thäte, um aus diesem Zustande herauszugehen, und die Nation aus demselben herauszureissen, könnte ich nicht anders als rechtswidrig nennen.

Es ist nicht ein blosser frommer Wunsch für die Menschheit, sondern es ist die unerlässliche Forderung ihres Rechts, und ihrer Bestimmung, dass sie so leicht, so frei, so gebietend über die Natur, so ächt *menschlich* auf der Erde lebe, als es die Natur nur irgend verstattet. Der Mensch soll arbeiten; aber nicht wie ein Lastthier, das unter seiner Bürde in den Schlaf sinkt, und nach der nothdürftigsten Erholung der erschöpften Kraft zum Tragen derselben Bürde wieder aufgestört wird. Er soll angstlos, mit Lust und mit Freudigkeit arbeiten, und Zeit übrig behalten, seinen Geist und sein Auge zum Himmel zu erheben, zu dessen Anblick er gebildet ist. Er soll nicht gerade mit seinem Lastthier essen; sondern seine Speise soll von desselben Futter, seine Wohnung von desselben Stalle sich ebenso unterscheiden, wie sein Körperbau von jenes Körperbaue unterschieden ist. Dies ist sein Recht, darum weil er nun einmal ein Mensch ist.

Man hat viel und häufig von Nationalreichthum, Nationalwohlstand, u. drgl. geredet. Ich werde nöthig haben, die mehrsten Bedeutungen, die dieses Wort haben kann, in dieser Schrift anzugeben. Die, auf welche wir hier stossen, ist folgende: der innere wesentliche Wohlstand besteht darin, dass man mit mindest schwerer und anhaltender Arbeit sich die menschlichsten Genüsse verschaffen könne. Dies soll nun seyn ein Wohlstand der *Nation*; nicht einiger Individuen, deren höchster Wohlstand oft das auffallendste Zeichen und der wahre Grund ist von dem höchsten Übelbefinden der Nation; er soll so ziemlich über alle in demselben Grade sich verbreiten.

Wenn nicht entweder die Kräfte unserer eigenen Natur sich ins Ungeheure vermehren, oder wenn nicht die Natur ausser uns sich ohne unser Zuthun durch ein plötzliches Wunder umwandelt, und ihre eigenen bisher bekannten Gesetze vernichtet, so haben wir jenen Wohlstand nicht von ihr, wir haben ihn lediglich von uns selbst zu erwarten; wir müssen uns ihn durch Arbeit erwerben. Dazu giebt es nun kein anderes Mittel, als Kunst und Kunstfertigkeit, vermittelst welcher die kleinste Kraft, durch zweckmässige Anwendung, einer tausendfachen Kraft gleich werde. Kunst aber und Kunstfertigkeit entsteht durch fortgesetzte Übung; entsteht dadurch, dass jeder sein ganzes Leben einem einzigen Geschäft widme, und alle seine Kraft und sein Nachdenken auf dieses Eine Geschäft richte. Die zum menschlichen Leben nöthigen Arbeitszweige müssen sonach vertheilt werden. Nur unter dieser Bedingung wirkt die Kraft mit dem höchsten Vortheil. – In irgend einem Dorfe des armseligen Staates, der oben beschrieben wurde, sitzt jeder vor seinem Heerde allein, und schnitzt sich in langer Zeit, mit schwerer Mühe, mit unpassenden Werkzeugen ein paar elende Holzschuhe. Wendeten doch alle dieselbe Zeit und Mühe auf ein Geschäft ihres Feldbaues, und trügen Einem unter ihnen, dem Geschicktesten dazu, auf, für sie alle Schuhe zu machen, und nichts zu thun, denn das Sie würden bessere Schuhe bekommen, und mit dem, was sie während der Zeit bei ihrem Ackerbau gewonnen haben, ihren Schuhmacher, und einen Schneider dazu sehr gut ernähren können.

Kurz; wer das Recht zum Zwecke hat, der hat es zu dem einzigen Mittel, welches zum Zwecke führt. Jedes Volk hat das Recht zu wollen, dass sein Wohlstand sich erhöhe. Dies ist nur dadurch möglich, dass die Arbeitszweige vertheilt werden. Das Volk hat sonach ein Recht dies zu wollen; und diejenige Anstalt, welche zu Erlangung und Erhaltung aller seiner Rechte eingesetzt ist, die Regierung, hat die Pflicht auf sich, zu veranstalten, dass es geschehe.

Viertes Capitel.

Ob die Abgaben an den Staat etwas im Gleichgewichte des Gewerbes ändern.

Es müssen Personen angestellt werden, die sich mit Handhabung der Gesetze und Erhaltung der öffentlichen Ordnung, andere, die sich mit dem öffentlichen Unterrichte ausschliessend beschäftigen; endlich solche, die sich in den Waffen üben, und immer fertig stehen, die Nation gegen die Gewaltthätigkeit innerer oder äusserer Feinde zu vertheidigen. Diese können weder das Land bauen, noch fabriciren, noch Handlung treiben; dennoch sollen sie, jeder nach der Natur seines Geschäftes, ebenso gut leben, als die übrigen Bürger. Es bleibt nichts übrig, als dass die übrigen Stände für sie mit arbeiten, und ihnen die nöthigen Producte und Fabricate liefern, ebenso wie es ohnedies jeder arbeitende Stand für den andern thut; nur mit dem Unterschiede, dass der letztere etwas dagegen giebt, diese aber nichts dagegen zu geben haben. Ihre Bedürfnisse müssen ihnen ohne alles sichtbare und fühlbare Aequivalent abgeliefert werden. Ihre Sorge für die Regierung, Erziehung und Belehrung, Vertheidigung der Nation ist das Aequivalent, das sie derselben entrichten. – Dieses ist der Grundbegriff von Abgabe, welcher sowohl hier, als allenthalben ausreicht.

Die Regierung, welche zu berechnen hat, wieviel solcher Personen, die ich im allgemeinen *öffentliche Beamte* nennen will, sowohl überhaupt, als für jeden Haupt- oder untergeordneten Zweig anzustellen seyen, hat zugleich zu berechnen, auf welche Weise jeder seinem Geschäfte nach, bei diesem bestimmten Grade des Wohlstandes in der Nation, von Rechtswegen leben solle und dürfe. Aus dieser Berechnung geht die Grösse der Abgabe überhaupt hervor, die die Nation zu entrichten hat. Es lässt sich nicht denken, zu welchem Zwecke in einem vernünftigen und wohlgeordneten Staats die Regierung mehr fordern sollte, als sie bedarf. Was aber gebraucht wird, entrichtet die Nation von Rechtswegen; denn sie kann nicht verlangen, dass diejenigen, welche alle anderen bei ihren Rechten schützen, die einzigen seyen, die daran gekränkt werden.

Die Folge dieser Einführung der Abgaben ist keinesweges Störung des aufgestellten Gleichgewichtes zwischen den verschiedenen Ständen und Individuen, sondern lediglich ein, jedoch unvermeidlicher, Abbruch an dem Wohlstande aller, den der öffentliche Beamte selbst ebensowohl mit tragen muss, als alle übrigen Bürger. Es lassen sich, wenn nicht einige

Bürger öffentlichen Ämtern und Geschäften ausschliessend gewidmet werden müssten, folgende zwei entgegengesetzte Fälle denken: Entweder, es sollen nach wie vor nur diejenige Menge und diejenigen Arten von Waare geliefert werden, die bisher geliefert worden, und bei welchen bisher die ganze Nation auf ihre Weise gelebt hat; es soll sonach auf der ganzen Oberfläche des Staates ebensoviel, und nicht mehr gearbeitet werden, als bisher: so werden die bisherigen Beamten zur gemeinsamen Arbeit gezogen werden, und das, was durch ihren Zutritt an der Arbeit anderer erspart wird, wird unter alle gleich vertheilt werden müssen: alle werden sonach an Ruhe und Musse gewinnen. Oder diejenigen, welche bisher arbeiteten, und durch ihre Arbeit die ganze Nation, die bisherigen öffentlichen Beamten mit eingeschlossen, auf die gewohnte Weise erhielten, sollen ebensoviel arbeiten wie bisher; so wird eine der Zahl der bisherigen Beamten gleiche Zahl Bürger ihre Arbeit auf feinere Nahrungsmittel und Fabricate wenden können; es wird, da auch durch diese immer etwas an den nothdürftigen erspart wird, selbst ein Theil der Arbeit, die bisher nur auf diese Nothdurft ging, auf das feinere gewendet werden können, und die Nation wird zwar nicht an Ruhe, aber an Wohlleben gewonnen haben. Nehme man den aus beiden Fällen zusammengesetzten Fall an, der ohne Zweifel auch wirklich eintreten würde, so wird für alle mehr Genuss aus weniger Arbeit hervorgehen; ihr Wohlstand sonach wird vermehrt seyn. Dass dieser unter den gegebenen Naturbedingungen allerdings mögliche Wohlstand nicht eintritt, liegt daran, dass öffentliche Beamte da sind, welche leben müssen, ohne dass sie ihren Beitrag zu der Arbeit für dieses blosse sinnliche Leben leisten können. Sie selbst tragen diese Verminderung des öffentlichen Wohlstandes mit; denn sie werden in einem wohleingerichteten Staate nicht nach dem möglichen, sondern nach dem wirklichen Wohlstande der Nation besoldet.

Dieser Abbruch an dem öffentlichen Wohlstande trifft alle arbeitenden Stände, und jedes Individuum derselben, bei der beschriebenen Organisation des Verkehrs, in gleichem Maasse, sowie allen die Vortheile der Regierung, des Unterrichts und der Vertheidigung in gleichem Maasse zu statten kommen. Jeder bezahlt seinen Antheil, wie er soll. Man kann sagen: der Werth jedes in den öffentlichen Verkehr kommenden Dinges sey von nun an nicht mehr bloss nach dem oben angegebenen Maassstabe, dass der Producent, der Fabricant und der Kaufmann, jeder nach seiner Art gleich angenehm dabei bestehen könne, sondern nach dem, dass noch überdies der öffentliche Beamte ebenso dabei bestehen könne, zu bestimmen; man kann annehmen, das für die Abgabe nöthige und dem Beamten rein verbleibende sey aus dem öffentlichen Handel verschwunden, und für das verkehrende Publikum verloren; man kann endlich annehmen, der Producent und der Fabricant müsse von seiner Waare, der Kaufmann von seiner Handelsbesoldung, sich als für eine Schuld etwas im voraus wegnehmen lassen: es ist alles gleich, und das Resultat bleibt immer dasselbe. Nur der Abbruch am öffentlichen Wohlstande ist die wahre Last, welche von allen gemeinschaftlich getragen wird.

Welchen Weg man ergreifen möge, um diese Abgaben zu erheben, das Resultat bleibt immer dasselbe. Ob man beiden, dem Producenten und dem Fabricanten, ihren Beitrag unmittelbar abnehme, und gleichfalls vom Einkauf des Handelsmannes sich etwas abliefern lasse; ob man den ersteren den Beitrag des letzteren zugleich mit abnehme, und den Kaufmann durch Erhöhung des Einkaufspreises an sie zurückzahlen lasse; ob man den einfachsten und am leichtesten zu übersehenden Weg ergreife, und vom Ackerbauer die ganze Abgabe erhebe, diesem aber den Beitrag des Fabricanten und des Kaufmanns durch Erhöhung seines Products zurückzahlen lasse: wenn nur die Waarenpreise erst nach Abrechnung des an den Staat abgegebenen von der Summe der im öffentlichen Verkehre befindlichen Waare, und nach der Bestimmung, aus wessen Händen der Staat sie ziehe, festgesetzt und nach den oben aufgestellten Grundsätzen festgesetzt werden: so bleibt das Gleichgewicht gehalten, und die öffentliche Gerechtigkeit behauptet.

Fünftes Capitel.

Wie dieses Gleichgewicht gegen die Unsicherheit des Feldbaues zu decken sey.

Das aufgestellte System ist, wie wir gesehen haben, darauf berechnet, dass das Quantum der in den öffentlichen Verkehr kommenden Consumtions- und Fabrik-Artikel, sowie ihr Verhältniss zu einander, immer dasselbe sey, und von Zeit zu Zeit durch einander aufgehe.

In Absicht der Fabrikartikel, inwiefern die Menge derselben von den angestellten Arbeitern abhängt, lässt sich dies sehr wohl berechnen. Nicht so in Absicht der Consumtionsartikel, indem der Ertrag des Feldbaues sich gar nicht von Jahr zu Jahre gleichbleibt. Durch diese Unregelmässigkeit in der Productengewinnung wird zugleich die Fabrication gestört, indem sie ja den Stoff der Verarbeitung von jener erhält.

Eine die Berechnung übersteigende Fruchtbarkeit eines Jahres ist für dieses Gleichgewicht ebenso störend, als Miswachs. Wir richten unseren Blick lediglich auf die erstere, indem wir von ihr aus auf ein Mittel, gegen den letzteren sich zu verwahren, von selbst werden geführt werden.

Der Producent soll so viele Producte gewinnen, als die Nichtproducenten zu ihrer Nahrung, und überdies der Fabricant zur Verarbeitung bedarf. Dieses Quantum setzt er auch ganz sicher ab: für ein höheres Quantum aber findet er keinen Absatz. Der Kaufmann kann es ihm nicht abnehmen, denn er findet dafür keine Käufer; der Fabricant kann es nicht an sich bringen, denn er hat dafür kein Aequivalent, indem seine Arbeit nur auf seine gewöhnlichen Bedürfnisse berechnet ist. Der Überschuss der gewonnenen Producte kann auf keine Weise in den öffentlichen Verkehr gebracht werden.

Nun sind zwar auch die Bedürfnisse des Producenten nur auf den gewöhnlichen Absatz berechnet; er hat die ihm gebührende Subsistenz, wenn er nur diesen hat, und bedarf nicht des ihm durch unberechnete Fruchtbarkeit zu Theil gewordenen Überschusses. Dieser Überschuss kann angesehen werden, als gar nicht vorhanden, er könnte nicht bloss in der Rechnung, sondern wirklich in der Natur vernichtet werden, und es entstände daraus an keinem Ende irgend ein Schade.

Aber theils scheint es unbillig, dem Producenten einen Gewinn zu entziehen, der ihm nicht durch Bevortheilung seiner Mitbürger, sondern durch die Begünstigung der Natur zu Theil wurde: theils aber, und vorzüglich, wodurch soll doch ein Miswachs, wo der Ertrag des Jahres unter der Berechnung stehen bleibt, gedeckt und übertragen werden, ausser durch die Fruchtbarkeit eines anderen Jahres, die über die Berechnung hinausgeht?

Sonach müsste der nothwendige Ertrag der Productengewinnung, und das Verhältniss desselben zu den übrigen Waaren, nicht nach Einem Jahre, sondern nach einer Reihe von Jahren, in welcher die Fruchtbarkeit den Miswachs decken könnte, angesetzt werden. Nicht – Ein Jahr giebt so viel Producte, sondern – etwa fünf Jahre geben so viel, davon kommt auf Ein Jahr so viel, und dieses letztere Quantum soll in den Verkehr kommen, und nach ihm die übrigen Stände berechnet werden, was auch immer der wirkliche Ertrag des laufenden Jahres seyn möge.

Bloss der Staat hat das Vermögen, auf diese Weise den Ertrag eines Jahres gegen den anderer Jahre ins Gleichgewicht zu setzen. Das natürlichste Verfahren dabei ist folgendes. Wer über das ihm angesetzte Quantum erbaut hat, meldet es beim Staate, der ihm den Überschuss nicht etwa auf der Stelle, durch ein Aequivalent vergütet, woraus eine vermehrte Circulation und alle die Nachtheile derselben erfolgen würden, sondern ihm diesen Überschuss nur *gut schreibt*; allenfalls zu seiner Sicherheit ihm einen Schein darüber ausstellt.

Entweder nun, es ist in demselben Jahre in anderen Gegenden des Landes Mangel, so wird das für die Consumtion des Jahres angesetzte an die Kaufleute in diesen Gegenden abgeliefert, welche es *an die Producenten*, die es der Berechnung zufolge hätten erbauen und abliefern sollen, bezahlen; bei welchen letzteren es der Staat sich *gut schreibt*. Sollten sie sogar ihre eigene Nahrung nicht erbaut haben, so wird sie ihnen gleichfalls vom Staate, auf dieselbe Rechnung, geliefert. Oder, als der zweite mögliche Fall, es ist überall in diesem Jahre auf der Oberfläche des Staates kein Miswachs, oder kein so grosser, dass der in anderen Gegenden erbaute Überschuss aufginge, so wird derselbe, für möglichen Mangel künftiger Jahre, bei den Kaufleuten niedergelegt, die nicht eher, als bei wirklich erfolgtem Mangel, und der Nothwendigkeit des Absatzes dieses Überschusses ihn an den Staat bezahlen. Damit das Korn nicht durch Alter verderbe, kann die Einrichtung gemacht werden, dass der Kaufmann von den Früchten der künftigen Ernte nicht eher etwas ausgebe, bis der alte Vorrath untergebracht ist. Er behält nun wiederum Überschuss von dieser neuen Ernte für das folgende Jahr, und so immerfort, bis nach eingetretenem Miswachs dieser Überschuss einmal aufgeht. Wer bei dem Staate gut hat, dem wird es bei dem ersten Miswachse, den er erleidet, oder, falls er in einer bestimmten Zeit von Jahren keinen, oder keinen so grossen haben sollte, dass die Schuld des Staates an ihn aufginge, durch Erlassung an den Abgaben vergütet. Ebenso, bei wem der Staat gut hat, bezahlt im ersten fruchtbaren Jahre mit seinem erbauten Überschusse. – Für einigen Überschuss muss der Staat immer und gleich von fern her sorgen; und dies müsste, wenn man einen neu entstehenden, oder einen erst jetzt unter die wahren Rechtsgesetze des Verkehrs sich fügenden Staat denkt, dadurch geschehen, dass in den ersten Jahren noch nicht ganz so viel Fabricanten angesetzt würden, als der Staat, ohne Rechnung auf möglichen Miswachs, wohl ertragen könnte, und mehrere Hände dem Ackerbaue gewidmet würden, als es ihrer, ohne diese nöthige Vorsicht, bedürfte.

Zu wirklichem Mangel kann es bei diesen Maassregeln nicht kommen. Fände sichs aber, dass der Überschuss von Jahr zu Jahr geringer würde, und bei dem ersten eintretenden Misjahr sogar Mangel zu befürchten wäre, so wäre dies ein Beweis, dass das Verhältniss der Fabrication und des Handels zur Productengewinnung nicht richtig bestimmt wäre.

Der Staat müsste eilends einige Hände den letzteren Zweigen entziehen, und sie dem Ackerbaue zurückgeben. Fände sichs im Gegentheil, dass der Überschuss von Jahr zu Jahr stiege, so bewiese dies, dass der Staat die Vermehrung der Fabriken und des Anbaues feinerer Producte tragen könnte, und es müssten Anstalten zu dieser Vermehrung gemacht werden, um das Gleichgewicht zu erhalten, und der Nation zu dem höheren Wohlstande, auf welchen sie unter diesen Umständen Anspruch hat, zu verhelfen.

Sechstes Capitel.

Ob dieses Gleichgewicht durch die Einführung des Geldes gefährdet, und durch den steten Fortschritt der Nation zu höherem Wohlstande verändert werde.

Leser, denen es schwer wird, ihre Gedanken in einer nur auf Begriffe gegründeten Verbindung der Dinge festzuhalten, welche immer wieder zu der zufälligen Wirklichkeit, die sie kennen, zurückkehren, und dieselbe in eine solche Verbindung einmischen, ohne zu bedenken, dass diese gegebene Wirklichkeit durch eine solche Verbindung eben aufgehoben werden würde: Leser von dieser Art mögen schon längst in der Stille mir folgenden Einwurf gemacht haben.

Ohne Zweifel wird doch das angenommene Grundmaass alles Werthes, die Brotfrucht, nicht auch das wirkliche Tauschmittel werden sollen; es wird doch ohne Zweifel nicht für jede Waare wirklich und in der That eine Quantität Korns zugemessen werden sollen. Denn, alle übrigen Unbequemlichkeiten abgerechnet, müsste dann stets eine doppelte Quantität Korns im Umlaufe seyn und von Hand zu Hand gehen; die eine zur Consumtion des Jahres, die zweite ungleich beträchtlichere zum Handel, indem eine weit höhere Summe des Werthes sich im öffentlichen Handel befindet, als alles Korn ausmacht, das in einem Jahre verzehrt wird. Es wird sonach im Vernunftstaate ebenso gehalten werden müssen, wie es in allen cultivirten Staaten gehalten wird; es wird ein besonderes Tauschmittel und Zeichen alles Werthes, kurz, es wird Geld eingeführt werden müssen. Aber der Werth des Geldes gegen Waare ist wandelbar und höchst veränderlich; Gesetze und Gewalt können ihn nicht festsetzen und erhalten. Macht der Staat erzwungene Preise, mit denen Käufer oder Verkäufer nicht einverstanden sind, so verbirgt der Geldbesitzer sein Geld, oder der Waarenbesitzer seine Waare, und der Handel ist vernichtet. Dem Geldbesitzer ist mit Gewalt gar nicht beizukommen; dem Waarenbesitzer nur durch verhasste und für den Staat höchst kostspielige Mittel. Also, wenn nur der Gebrauch des Geldes vorausgesetzt wird, so lässt der Handel sich nicht berechnen oder unter Gesetze bringen. Er macht sich selbst Preis und Gesetz. So war es immer, und so wird es auch bleiben müssen.

Ich antworte, dass allerdings Geld eingeführt werden wird im Vernunftstaate, dass aber der Werth desselben unwandelbar seyn wird, wenigstens sich nicht verwandeln kann ohne die Veranstaltung des Staates selbst, der auch hierüber festen Grundsätzen zu folgen hat. Ich kann dies nicht darthun, ohne ein wenig tiefer in die Principien einzugehen, von denen die Theorie des Geldes abhängt.

Alles auf der Oberfläche des Staates befindliche Brauchbare wird immerfort für den Gebrauch des Volkes in Anspruch genommen; es vermindert sich von der Zeit der letzten Einsammlung bis zu einer neuen, und wird durch diese wiederum vermehrt. Es ist sonach nöthig, dass immer eine dauernde, nicht zu vermindernde oder zu vermehrende Repräsentation seines ganzen Werthes, ein Zeichen desselben vorhanden sey. Je unbrauchbarer dieses Zeichen an und für sich selbst ist, je weniger inneren Werth es hat, desto schicklicher ist es zum blossen Zeichen; denn alles Brauchbare gehört zum inneren Reichthume der Nation, und soll von ihr genossen, keinesweges aber für andere Zwecke verwendet werden. Das Geld werde aus dem wenigst brauchbaren Materiale verfertiget.

So wie oben besagt wurde: jeder, der Waare hat, soll zu jeder Stunde jede andere beliebige Waare dafür eintauschen können; so heisst es nunmehr nach Einführung des Geldes: er soll zu jeder Stunde für seine Waare Geld, und für dieses Geld jede beliebige Waare haben können. Es ist jetzt zwischen Waare und Waare ein neues Medium des Tausches eingetreten. Jedoch diese Folgerung ergiebt sich von selbst; und die geforderte Leichtigkeit, die Waare in Geld, und das Geld in Waare umzusetzen, geht nach Einführung des Geldes aus den oben aufgestellten Handelsgesetzen von selbst hervor.

Ein geschlossener Handelsstaat, dessen Bürger mit dem Ausländer keinen unmittelbaren Verkehr treibt, *kann zu Gelde machen, schlechthin was er will*, wenn er nur declarirt, dass er selbst nur in diesem Gelde, und schlechthin mit keinem anderen sich werde bezahlen lassen. Denn es kommt beim Besitze des Geldes jedem nur darauf an, dass jeder andere, mit welchem er in Verkehr kommen könnte, es von ihm um denselben Werth wieder annimmt, um welchen er es erhalten hat. Der Bürger eines geschlossenen Handelsstaates kann nur mit einem Bürger desselben Staates in Verkehr kommen, und schlechthin mit keinem anderen Menschen. Aber alle Bürger des Staates sind genöthigt, sich dasjenige Geld anzuschaffen, womit derjenige, an den sie alle am meisten zu zahlen haben, bezahlt werden kann. Dies ist nun der Staat, an welchen Alle, sey es mittelbar oder unmittelbar, Abgaben zu entrichten haben, und der über alles Verhältniss mehr einnimmt, als irgend ein Einzelner oder irgend ein Handelshaus im ganzen Lande. – Hierdurch entstände ein *Landesgeld*: bei welchem es auch nicht einmal in Frage kommt, ob dasselbe im Auslande werde genommen werden, oder nicht; indem für einen geschlossenen Handelsstaat das Ausland so gut als gar nicht vorhanden ist.

Nur muss ein solcher Staat sicher seyn können, dass sein Landesgeld ihm nicht nachgemacht werden könne, dass schlechterdings kein anderer Mensch, und keine andere Macht es zu verfertigen vermöge, als er selbst. Dies ist die einzige einschränkende Bedingung, deren Grund wir tiefer unten sehen werden.

Es ist für einen geschlossenen Handelsstaat ganz gleichgültig, ob in ihm, nach der gewöhnlichen Weise zu reden, viel, oder wenig Geld im Umlaufe sey. Der Strenge nach findet hier ein Viel, oder ein Wenig gar nicht statt; denn das Geld ist an und für sich selbst gar nichts; nur durch den Willen des Staates *repräsentirt* es etwas. Die ganze Summe des circulirenden Geldes repräsentirt die ganze in dem öffentlichen Verkehr befindliche Summe der Waare; der zehnte Theil des ersteren den zehnten Theil des Werthes von der zweiten, der hundertste Theil des ersteren den hundertsten Theil des letzteren, u.s.f. Ob nun dieser hundertste Theil ein Thaler genannt werde, oder zehen, oder hundert Thaler, ist ganz einerlei; in jedem Falle kann ich den hundertsten Theil der im öffentlichen Verkehr befindlichen Waare dafür kaufen. – Wie reich einer sey, hängt gar nicht davon ab, wie viele Stücke Geldes, sondern davon, *den wievielsten Theil alles circulirenden Geldes* er besitze.

Oben wurde die Schätzung des Werthes der Dinge gegen einander durch den Staat gefordert und beschrieben; der Dinge gegen einander, sage ich: und wie viel dieses feinere, d.h. mehreren Zeit- und Kraftaufwand kostende Nahrungsmittel, dieses Product für die Verarbeitung, dieses Fabricat mehr werth seyn solle, als ein anderes, und welches das Verhältniss aller zu dem ersten Nahrungsmittel sey, in welches absoluter Werth gesetzt wurde. Hier ist die Rede von der ganz anderen Schätzung, *durch welchen Theil der im Umlauf befindlichen Repräsentation alles Werthes* ein jedes bezahlt werden solle. Auch diese Schätzung ist, einen einzigen Punct, der von der Willkür abhängt, ausgenommen, an strenge Gesetze gebunden.

Nemlich, die Masse der Zeichen, welche der Staat in Umlauf setzt, ist laut obigem durchaus willkürlich. Sie sey so gross oder so klein sie wolle, sie hat immer denselben Werth. Man nehme an, es beliebe ihm, sie auf eine Million Thaler zu setzen: (sie in eine Million Theile zu theilen, die er Thaler nennt). Was Fleisch, Obst u. dgl., was Flachs, Hanf, was Leinwand, oder wollnes Tuch gegen Korn werth sey, ist durch die oben beschriebene Schätzung schon bestimmt. Führe man den Werth aller im öffentlichen Verkehre befindlichen Waare, die nicht Korn ist, auf Korn zurück, thue hinzu die wirklich von einer Ernte zur anderen in den Handel zu bringende Menge Korns, und sage nun: der Werth von so viel Maass Korn ist im Umlaufe. Vertheile man diese Maass auf das im Umlaufe befindliche Geld. Es seyen z.B. eine Million Maass; so gilt, unter unserer obigen Voraussetzung, das Maass Korn in Gelde nothwendig einen Thaler; eine in der früheren Berechnung dem Maasse Korn gleich gefundene Quantität Fleisch, Obst, Flachs, Leinwand, wollnes Tuch, gleichfalls einen Thaler, u.s.w. Diese so gefundenen Preise wären durch das Gesetz festzusetzen.

Solange das Verhältniss des im Umlaufe befindlichen Waarenwerthes zu dem im Umlaufe befindlichen Gelde dasselbe bleibt, können diese Preise sich nicht ändern; die Natur der Sache, der nothwendige Wille aller, und das Gesetz sind in Übereinstimmung. Sie gründen sich auf jenes Verhältniss, und bleiben nothwendig dieselben, solange dies Verhältniss dasselbe bleibt. Nur wenn dieses verändert würde, wenn bei derselben Menge des Geldes die umlaufende Waare durch Menge oder inneren Werth sich vermehrte, oder bei demselben Waarenwerthe die Menge des Geldes sich vergrösserte, würden sie sich der Natur der Sache nach ändern, und zufolge derselben auch durch das Gesetz geändert werden müssen. In dem zuerst gesetzten Falle erhielte jeder Theil des umlaufenden Geldes einen höheren Werth, weil das Ganze, dessen Theil er ist, einen höheren Werth repräsentirt. Im zweiten Falle erhielte jedes Stück Geld einen niedrigeren Werth weil es nicht mehr der sovielste Theil des Ganzen ist, das nach wie vor denselben Waarenwerth repräsentirt. Es würde, nach der gewöhnlichen nicht eben gründlichen Weise zu reden, im ersten Falle wohlfeilere, im zweiten theurere Zeit.

Die im Umlaufe befindlichen Waaren sollen mit der Fortdauer des Staates sich allerdings theils vermehren, theils veredeln; es sollen immermehr solche, die gegen das erste Nahrungsmittel von höherem Werthe sind, in Umlauf kommen; denn der Wohlstand einer arbeitsamen und wohlregierten Nation wird von Jahr zu Jahr wachsen. Der Staat übersieht diese Vermehrung genau; denn sie erfolgt durch seine eigene Leitung. Er kann sonach und wird nach diesem vermehrten Waarenwerthe das Verhältniss des Geldes bestimmen; entweder er wird, wenn die bisherigen Geldpreise der Waare bleiben sollen, um so viel Geld mehr in Umlauf bringen, als an Waarenwerth zu dem bisherigen hinzugekommen ist; oder, wenn die Masse des circulirenden Geldes dieselbe bleiben soll, wird er den hinzugekommenen Waarenwerth unter die ganze Masse des Geldes vertheilen, und die Geldpreise aller Dinge um so viel herabsetzen, als nach gemachter Berechnung auf sie kommt. Die Summe des circulirenden Geldes kann er, ohne anderwärts Unordnungen und Misverhältnisse zu veranlassen, fast nur dadurch vermehren, dass er, ohne alles Aequivalent, Geld an die Familienväter, soviel als auf jeden nach seinem Verhältnisse kommt, austheilen lasse. Er giebt ihnen dadurch nichts weiter, als ihren Rechtsanspruch auf den erhöhten Wohlstand der ganzen Nation. – Am weisesten wird es seyn, wenn er sich beider Mittel zugleich bedient, der Geldaustheilung und der Herabsetzung der Preise, um durch eins dem anderen nachzuhelfen, und es zu ergänzen, und so das gestörte Gleichgewicht zwischen Waare und Geld herzustellen.

So ergiebt sich zugleich bei dieser Gelegenheit, dass auch durch den Fortschritt der Nation zu höherem Wohlstande, und durch die steigende Bevölkerung, das Gleichgewicht nicht nothwendig gestört werde; und welche Mittel der Staat anzuwenden habe, damit die Störung aus diesem Grunde nicht erfolge.

Verringern kann sich in einem wohl regierten, und gleich von Anfang an nach richtiger Berechnung geordneten Staate der umlaufende Waarenwerth nie.

Die Summe des umlaufenden Geldes könnte ohne Wissen und Berechnung des Staates *vermehrt* werden nur dadurch, wenn noch andere ausser ihm das Landesgeld verfertigen könnten. Würde das Geld nicht für nachgemachtes erkannt, so entzögen dadurch sich die Verfertiger der gemeinschaftlichen Arbeit, bei welcher auf ihre Kräfte mit gerechnet wird; theils entstände durch diese Vermehrung bei bleibendem Waarenwerthe ein Misverhältniss, das der Staat nur durch Herabsetzung des Werthes am Gelde, d. i. durch Erhöhung der Preise der Waaren gegen Geld heben könnte; wodurch jeder Geldbesitzer um einen bestimmten Theil seines schon erworbenen Eigenthums gebracht würde. Würde es für nachgemachtes erkannt, und nicht von jederman genommen, so würden wenigstens diejenigen, die es genommen hätten, beraubt. Es muss sonach unmöglich seyn, dass das Geld nachgemacht werde; das Geld muss von der Art und Natur seyn, dass nur der Staat es verfertigen könne. Wie dies einzurichten sey, gehört nicht hieher; und selbst da, wohin es gehört, werde ich es nicht sagen, obschon ich es wissen dürfte: denn dies ist kein Gegenstand der öffentlichen Mittheilung.

Die *Verminderung* der im Umlaufe befindlichen Summe durch Abnutzung und Verbrauchung der Geldstücke ist nicht bedeutend, und es ist nicht schwierig ihr vorzubeugen. Theils soll das Geld, um der öffentlichen Sicherheit willen, aus einer dauerhaften Materie gemacht werden, und einer beträchtlichen Abnutzung gar nicht ausgesetzt seyn: theils hat der Staat die dennoch abgenutzten Münzen, wie sie in seine Kassen kommen, bei denen er sie ohne Weigern annehme, zu vernichten, und statt ihrer neue auszugeben und in Umlauf zu bringen. – Bedeutender erscheint die Verminderung des Geldes durch das Schatzsammeln und Zurücklegen der Bürger. Ein geschickter und fleissiger Arbeiter arbeitet etwa mehr, als auf ihn gerechnet ist, und zieht daher auch mehr Geld, als auf seinen Antheil kommt. Er kauft aber nur diejenigen Bedürfnisse, mit denen er in Anschlag gebracht ist; oder vielleicht auch nicht einmal diese, sondern darbt auch hievon sich ab; legt das Product seines höheren Fleisses und seiner sparsamen Lebensart zurück, und bringt es dadurch ausser Circulation. Wenn dieses viele thun, so wird dadurch allerdings eine beträchtliche, auf die gemachte Berechnung einen merklichen Einfluss äussernde Verminderung der circulirenden Summe entstehen. Dennoch lassen sich dagegen keine verhindernden Maassregeln ergreifen; auch wurde es eine Einschränkung der gebührenden und rechtmässigen Freiheit der Bürger seyn, wenn man solche Maassregeln ergriffe. Die Absicht dieser Sparsamkeit kann vernünftigerweise keine andere seyn, als die: damit man zu leben habe, wenn Alter oder Krankheit uns verhindert, soviel als auf uns gerechnet ist, oder auch wohl irgend etwas zu arbeiten, oder damit man seine Kinder erziehen, sie etwas Nützliches lernen lassen, ihnen einen guten Anfang zu einem Gewerbe hinterlassen könne. Kurz, der Zweck aller Arbeit über unser Lebensbedürfniss hinaus ist der, dass einst wir selbst oder unsere Lieben leben können, über den Ertrag unserer Arbeit hinaus. Das der Circulation entzogene soll, der Absicht des Sparers nach, doch irgend einmal wieder in dieselbe gebracht werden.

Und dieses zeigt uns denn die wahre natürliche Auskunft aus der befürchteten Gefahr für Verhältniss des Geldes und der Waare. Ist es in einem schon bestehenden Staate von jeher Sitte gewesen, zurückzulegen, damit man einst ausgeben könne, so werden wohl gegen so viele, die gegenwärtig sparen, ebenso viele seyn, die gegenwärtig das ehemals durch sie oder ihre Eltern Ersparte ausgeben; und die Summen, die man aus dem gegenwärtigen Umlaufe herausbringt, werden wohl durch diejenigen, die man in ihn wieder hineinbringt, sattsam gedeckt werden. Ein neu entstellender, oder erst jetzt in rechtliche Ordnung kommender Staat würde am besten thun, wenn er auf die Voraussetzung, dass seine Bürger fürs erste sparen würden, auf diese jährliche Ersparung bei der Schätzung, welche Summe Geldes im wirklichen Umlaufe sey, gleich rechnete, ein gewisses Quantum als zurückgelegt annähme, und dieses in Bestimmung der Waarenpreise in Geld, als gar nicht vorhanden voraussetzte; oder wenn besonders ein unter der letzteren Bedingung stehender Staat den arbeitenden Ersparern das künstliche Gegengewicht nicht arbeitender Pensionirter aus dem alten Regimente, die er denn doch nicht in Mangel umkommen lassen dürfte, entgegensetzte. Die letzteren würden dadurch genöthigt, denn doch einigen Nutzen durch Erhaltung des Gleichgewichts zu leisten, und so wie sie allmählig ausstürben, fingen die Ersparnisse der Arbeiter an in den Umlauf zu kommen, und es träte das soeben beschriebene natürliche Gleichgewicht der Zehrer zu den Sparern ein.

Der Staat erhebt seine Abgaben in Gelde, um dem Landesgelde die allgemeine Gültigkeit zu versichern. Er besoldet daher die öffentlichen Beamten in dem, was er von den Bürgern erhält, in Gelde. Nach welchem Maassstabe sie leben sollen, ist oben erinnert. Da der Werth des Geldes gegen Waare durch das Gesetz bestimmt und dauerhaft ist, so kann er sehr leicht berechnen, welche Summe Geldes jeder Beamte als jährliche Besoldung bekommen müsse. Nur auf den Fall da der öffentliche Wohlstand sich merklich erhöht hat, und der Staat auf die oben beschriebene Weise das aufgehobene Gleichgewicht zwischen der gesetzlichen Bestimmung des Geldwerthes und des natürlichen Werthes der umlaufenden Waare herzustellen hat, habe ich eine Bemerkung hinzuzufügen; vorzüglich, um durch vielseitigere Anwendung meine Sätze einleuchtender zu machen. Lässt der Staat die bisherigen Preise, und stellt das Gleichgewicht durch Vermehrung der circulirenden Geldsumme her, so ist dem Beamten seine Besoldung nach Verhältniss des erhöhten Wohlstandes zu vermehren. Für die bisherige Besoldung kann er leben wie bisher; die Zulage ist sein Antheil an dem erhöhten Wohlstande des Ganzen. Lässt der Staat die circulirende Geldsumme ungeändert, und stellt das Gleichgewicht durch Herabsetzung der Waarenpreise her, so ist dem Beamten seine Besoldung unverändert zu lassen. Er kann für dieselbe Summe Geldes ja nunmehr besser leben als bisher; und dieses Mehr, was er dafür kaufen kann, ist sein Antheil am erhöhten Wohlstande des Ganzen. Vereinigt der Staat beide Mittel, so hat er die Besoldung des Beamten gleichfalls zu erhöhen, aber um so vieles weniger, als derselbe durch die herabgesetzten Preise gewinnt. Jetzt enthalten Zulage und niedrigere Preise den Antheil des Beamten an dem öffentlichen Wohlstande.

Siebentes Capitel.

Weitere Erörterungen der hier aufgestellten Grundsätze über das Eigenthumsrecht.

Indem ich diesen Abschnitt zu beschliessen und die merkwürdigsten Resultate desselben in einen Punct hinzustellen gedenke, fühle ich, dass ich über den Hauptsatz, mit welchem diese ganze Theorie steht oder fällt, noch einige Erläuterungen zu geben habe. Ich habe mir dieselben bis an das Ende vorbehalten, um den schnellen Fortgang der bisherigen Untersuchungen nicht zu unterbrechen.

Die Hauptresultate der aufgestellten Theorie sind diese: dass in einem dem Rechtsgesetze gemässen Staate die drei Hauptstände der Nation gegen einander berechnet, und jeder auf eine bestimmte Anzahl von Mitgliedern eingeschränkt; dass jedem Bürger sein verhältnissmässiger Antheil an allen Producten und Fabricaten des Landes gegen seine ihm anzumuthende Arbeit, ebenso wie den öffentlichen Beamten ohne sichtbares Aequivalent, zugesichert; dass zu diesem Behufe der Werth aller Dinge gegen einander, und ihr Preis gegen Geld festgesetzt und darüber gehalten; dass endlich, damit dieses alles möglich sey, aller unmittelbare Handel der Bürger mit dem Auslande unmöglich gemacht werden müsse. Alle diese Behauptungen gründen sich auf meine Theorie des Eigenthums. Ist nur die letztere richtig, so haben auch die ersteren ohne Zweifel ihren guten Grund. Ist jene falsch, so fällt das was nichts weiter zu seyn begehrt, als eine Folgerung daraus, ohne Zweifel zugleich mit um.

Nun aber ist es gerade die Theorie des Eigenthums, über welche von den meinigen sehr abweichende Begriffe im Umlaufe sind. Ich hatte sonach allerdings von vielen Lesern zu befürchten, dass sie mein Raisonnement nicht überzeugend finden werden, weil es viele unter ihnen geben wird, die sich zu jenen abweichenden Begriffen laut bekennen, oder die wenigstens dunkel durch dieselben geleitet werden. Ich muss dieselben noch einmal zur Prüfung meiner Grundsätze und der abweichenden oder entgegengesetzten einladen.

Meines Erachtens ist der Grundirrthum der entgegengesetzten Theorie über das Eigenthum die erste Quelle, woraus alle falsche Behauptungen darüber fliessen, der wahre Grund der Undeutlichkeit und Spitzfindigkeit mancher Lehren, die eigentliche Ursache der Einseitigkeit und Unvollständigkeit für die Anwendung im wirklichen Leben, dieser, dass man das erste ursprüngliche Eigenthum in den ausschliessenden Besitz *einer Sache* setzt. Was Wunder, dass wir bei dieser herrschenden Ansicht sogar eine Theorie erlebt haben, nach welcher der Stand der grossen Güterbesitzer, oder der Adel, der einige wahre Eigenthümer, der einige den Staat bildende Bürger ist, und alle übrigen nur Beisassen, die ihre Duldung um jede dem ersteren gefällige Bedingung erkaufen müssen; was Wunder, sage ich, da ja unter allen Sachen der Grund und Boden diejenige ist, die am sichtbarsten zum Eigenthume wird, und alle fremde Einmischung am strengsten ausschliesst.

Im Gegensatze gegen diese Theorie setzt die unsrige das erste und ursprüngliche Eigenthum, den Grund alles anderen, *in ein ausschliessendes Recht auf eine bestimmte freie Thätigkeit.* Diese freie Thätigkeit nun kann bestimmbar und bestimmt (zu beschreiben, zu charakterisiren, zu benennen) seyn, *entweder* nur *durch das Object, auf welches sie geht,* z.B. das Recht, *in und mit einem gewissen Bezirke alles mögliche* vorzunehmen, was man nur irgend wollte, und das ganze übrige menschliche Geschlecht an jeder möglichen Modification dieses Bezirks zu verhindern. *Figürlich und durch Ableitung* könnte nun allerdings dieser Bezirk selbst *das Eigen-*

thum des Berechtigten genannt werden, ohnerachtet der Strenge nach nur *sein ausschliessendes Recht auf jede mögliche Modification dieses Bezirks* sein Eigenthum ist. Im wirklichen Leben ist mit kein Beispiel eines solchen unbeschränkten Eigenthumsrechtes bekannt. *Oder* diese freie Thätigkeit ist durch sich selbst, durch ihre eigene Form (ihre Art und Weise, ihren Zweck u.s.w.) bestimmt, ohne alle Rücksicht auf das Object, auf welches sie geht: – das Recht, ausschliessend eine gewisse Kunst zu treiben (anderen Kleider, Schuhe u. dgl. zu verfertigen), und alle andere Menschen an der Ausübung derselben Kunst zu verhindern. Hier ist ein Eigenthum, ohne den Besitz irgend einer *Sache*. Oder endlich, diese freie Thätigkeit ist bestimmt durch *beides*: durch ihre eigene Form, und durch das Object, auf welches sie geht: – das Recht, ausschliessend an einem gewissen Objecte eine bestimmte Handlung vorzunehmen, und alle übrige Menschen von demselben Gebrauche desselben Objects auszuschliessen. Auch in diesem Falle kann figürlich und durch Ableitung das Object Eigenthum des Berechtigten genannt werden, ohnerachtet der Strenge nach nur das ausschliessende Recht zu einer gewissen freien Handlung auf dieses Object sein Eigenthum ist. Von dieser Art ist das ausschliessende Recht des Ackerbauers, auf diesem Stücke Acker Getreide zu erbauen; welches dem Rechte eines anderen, nach geendigter Ernte bis zur Saat auf demselben Acker sein Vieh zu weiden[1], oder dem Rechte des Staats, unterhalb der Oberfläche den Bergbau zu treiben, keinesweges Abbruch thut.

Ein Eigenthum des Bodens findet nach unserer Theorie gar nicht statt: wenigstens solange nicht, bis diejenigen, die ein solches annehmen – wenn sich dieselben nur recht verstehen, und wirklich, so wie die Worte lauten, ein Eigenthum des *Bodens*, und nicht, wie wir es auch nehmen, das eigene und ausschliessende Recht auf einen gewissen *Gebrauch* des Bodens meinen – bis sie, sage ich, uns begreiflich machen, wie denn ein solches Eigenthumsrecht im wirklichen Leben *ausgeübt* werden solle. Die Erde ist des Herrn; des Menschen ist nur das Vermögen, sie zweckmässig anzubauen und zu benutzen.

---

1 Die Trift-Gerechtigkeit mag sehr unwirthschaftlich seyn, ich gebe es zu. Aber ein Eingriff in fremdes Eigenthum ist sie nicht: denn das Eigenthumsrecht hängt nur von Verträgen, und wo ausdrückliche Verträge nicht nachzuweisen sind, von dem erlangten Besitze und von dem Herkommen (von dem *status quo*) ab. Nur eine unrichtige Theorie über das Eigenthum kann so etwas Eingriff in das Eigenthum nennen.

Diese unsere Theorie wird auf folgende Weise bewiesen und die entgegengesetzte widerlegt:

Dass Einer etwas zu eigen bekomme, geschieht nur, um den Streit mehrerer über dasselbe zu vermitteln. Von dem Eigenthume eines auf einer unzugänglichen Insel isolirt lebenden Menschen lässt sich gar nicht reden; auf ihn ist dieser Begriff ohne alle Anwendung. Er darf an sich nehmen, so viel er will und vermag. – Wie gerathen denn nun die Mehreren, zwischen welchen durch das Eigenthumsrecht vermittelt werden soll, in Streit, und wo ist denn der eigentliche Sitz ihres Streitest? Offenbar gerathen sie nur durch thätige Äusserung ihrer Kraft in Streit. Nun hat doch wohl ohne Zweifel die Schlichtung ihres Streites ihren Sitz gerade da, wo der Streit ihn hatte, wenn nur der Streit wirklich geschlichtet ist. Es muss Einer unterlassen, was den anderen beeinträchtigt, und was dieser von nun an allein thun soll: nicht den Baum abpflücken, oder den Acker ernten, den der andere abpflücken, oder ernten soll. Nun erst hat jeder seinen *eigenen* Gebrauch der Freiheit.

Nichts anderes wird in den entgegengesetzten Theorien, nur stillschweigend, vorausgesetzt. Sie sind mit der unsrigen einig; und folgern, so weit bei dem engen Begriffe, von dem sie ausgehen, das Gebiet ihrer Folgerungen sich erstreckt, aus *unserer* Prämisse, und keinesweges aus der ihrigen. – Das Eigenthum soll seyn ein *idealer Besitz* eines Dinges, das ich nicht unmittelbar realiter besitze, in meinen Händen trage, mit meinem Körper bedecke u.s.w. Wenn dieser Besitz nicht auch durchaus ideal bleiben, und nicht etwa in der Nothwendigkeit bestehen soll, dass alle Menschen denken, der Gegenstand sey der meinige, und keinesweges der ihrige; wenn er irgend eine reelle Folge im wirklichen Leben haben soll; so kann dies keine andere seyn, ausser der, dass alle Menschen verbunden seyn sollen, aller Wirksamkeit auf dieses Ding sich gänzlich zu enthalten, nichts daran zu ändern, sondern es zu lassen, wie es ist, sonach, dass alle Thätigkeit auf dasselbe ausschliessend mir überlassen sey. So werde ich es denn auch wirklich nehmen, und so werden es alle Gerichtsstühle in der Welt nehmen. Was ein idealer Besitz sey, verstehe ich nicht, aber ich glaube durch mein Eigenthumsrecht das Recht erhalten zu haben, alle Menschen von einer gewissen Thätigkeit auf das Object meines Eigenthums abzuhalten. Wenn einer darauf handelt, dann erst, und nicht eher, werde ich über Verletzung meines Eigenthumsrechtes klagen, und sie nachweisen können: dann wird jeder Gerichtsstuhl meine Klage annehmen und mir zu meinem Rechte verhelfen.

Aus allem ergiebt sich, dass kein Eigenthumsrecht auf Sachen stattfinde, ohne das Recht, alle Menschen von der Thätigkeit auf diese Sachen abzuhalten; erst durch die Vermeidung; oder Nichtvermeidung dieser fremden Thätigkeit offenbart sich die Beobachtung, oder Nichtbeobachtung meines Eigenthumsrechts. Dieses Recht der Ausschliessung fremder Thätigkeit sonach ist der wahre Sitz des Eigenthumsrechts auf Sachen.

Umgekehrt findet ein ausschliessendes Eigenthumsrecht auf Thätigkeit statt, ohne Eigenthum irgend einer Sache; das oben erwähnte ausschliessende Recht, eine Kunst oder Gewerbe zu treiben, wo auf das sehr zufällige Eigenthum der Werkzeuge oder des Objectes dieser Kunst, die ebensowohl auch nicht Eigenthum des Arbeiters seyn, sondern ihm geliehen und geliefert worden seyn können, gar nicht zu sehen ist.

Der Grund alles Eigenthumsrechts ist sonach in das Recht, andere von einer gewissen uns allein vorbehaltenen freien Thätigkeit auszuschliessen, keinesweges aber in einen ausschliessenden Besitz von Objecten zu setzen.

Die Klarheit und allgemeine Verständlichkeit, welche in dieser Theorie allen Sätzen über das Eigenthum gegeben werden kann, ferner die durchgängige Anwendbarkeit derselben im wirklichen Leben, sind die äusseren nicht zu übersehenden Beweise ihrer Richtigkeit.

Dieses so zu beschreibende Eigenthumsrecht hat seinen *Rechtsgrund*, seine rechtlich verbindende Kraft lediglich im Vertrage aller mit allen (d.h. aller, die in gegenseitigen Einfluss auf einander kommen können). Wird einer für sich betrachtet, so darf er, – von der Verantwortlichkeit vor seinem eigenen Gewissen hier abgesehen, wie auf dem Gebiete der Rechtslehre davon abgesehen werden muss, – er darf, sage ich, alles thun, was er nur will. Nur weil mehrere da sind, die auch bestehen sollen, hat er seine freie Thätigkeit so einzuschränken, dass sie bestehen können, und sie von ihrer Seite die ihrige so, dass Er bestehen könne. Jeder schränkt, da alle gleich sind, rechtlich die Freiheit jedes anderen um soviel ein, als dieser die seinige einschränkt. Diese *Gleichheit* der Beschränkung aller durch alle, liegt im Rechtsgesetze, und hängt von der Willkür nicht ab. *Welche bestimmte Sphäre der Thätigkeit* aber jedem ausschliessend verbleiben solle, deren nunmehr die anderen um dieses Einen willen sich zu enthalten haben, müssen sie verabreden; darüber bestimmt weder die Natur noch das Rechtsgesetz irgend etwas, sondern lediglich ihre freie Willkür. Es ist also ein Vertrag zu schliessen. Wenn hundert Ackerbauer beisammen sind und ein bestimmtes Stück Boden in ihrer Gewalt haben, so ist freilich aus dem Rechtsgesetze klar, dass dieses Stück in hundert gleiche Theile getheilt, und jedem Ackerbauer einer davon zu eigen gegeben werden müsse. Aber warum z.B. ich, und keiner von den übrigen neun und neunzig gerade dieses erste Stück gegen Süden haben solle, und kein anderes, und mein nächster Nachbar gerade dieses Stück neben mir, darüber lässt sich kein anderer Rechtsgrund anführen, als der, dass alle uns gerade diese Stücke überlassen haben, wogegen wir ihnen diejenigen überlassen haben die sie einnehmen.

Nur gegen die Erlangung seines Antheils, und um diesen ungestört zu erhalten, thut einer Verzicht auf den Antheil aller übrigen. Wer nichts ausschliessend zu eigen bekommen hat, hat auf nichts Verzicht gethan; er ist in Absicht des Rechts isolirt, da er nicht mit gerechtet hat, und behält seinen ursprünglichen Rechtsanspruch allenthalben alles zu thun, was er nur will. *Wofür* könnte er doch vernünftigerweise Verzicht gethan haben; was könnte ihn doch vermögen, zu wollen, dass jeder das Seine behielte, da Er nichts hat? Dass die verbundene Menge der Eigenthümer den einzelnen schwächeren durch Gewalt abhalten könne, seinen Rechtsanspruch laut werden zu lassen, oder geltend zu machen, sehe ich sehr wohl ein. Aber ich frage hier nicht nach der Gewalt, sondern nach dem Rechte; und finde, dass jene Menge kein Recht hat, indem sie dies nur aus einem Vertrage haben könnte, den dieser Einzelne nicht mit geschlossen hat, und der ihn sonach nicht verbindet.

Es ist sonach klar, dass nicht nur der Ackerbauer, sondern jeder Einwohner im Staate ein ausschliessendes Eigenthum haben müsse, weil man ihn ausserdem nicht verbinden kann, das Eigenthumsrecht des Ackerbauers anzuerkennen, ihn rechtlicherweise nicht verhindern kann, diesen von seinem Acker zu verdrängen, und ihn seiner Früchte zu berauben.

Welches wäre denn nun dieses ausschliessende Eigenthum des Nicht-Ackerbauers, des Fabricanten, des Kaufmanns, gegen welches er an den Ackerbauer das ausschliessende Eigenthumsrecht auf den Boden abgetreten hätte.

Seine Kunst oder Handelskenntniss verdankt er der Natur und sich selbst, nicht dem Staate. In Rücksicht dieser ist er an den Staat nicht gebunden, sowie der Ackerbauer an sein Stück Landes. Nackend an jedes Ufer geworfen, kann er sagen: ich trage alles das Meinige an mir selbst. Was kann ihm nun der Staat noch Beben? Offenbar nur die Gewähr, dass er stets Arbeit, oder Absatz für seine Waare finden, und für dieselbe den auf ihn kommenden Antheil von den Gütern des Landes erhalten solle. Erst durch diese Versicherung bindet ihn der Staat an sich.

Aber diese Gewähr kann der Staat nicht leisten, wenn er nicht die Zahl derer, die denselben Arbeitszweig treiben, schliesst, und für die Erbauung des nothwendigen Unterhaltes für alle sorgt. Erst durch diese *Schliessung* wird der Arbeitszweig *Eigenthum* der Klasse, die ihn treibt; erst durch diese *Besorgung des Unterhaltes* ein Eigenthum, von *welchem sie leben können*; und nur gegen dieses ihr Eigenthum können sie Verzicht thun auf das Eigenthum der landbauenden Klasse. Sicherheit, sage ich, soll ihnen der Staat geben, die Gewähr soll er ihnen leisten. Zu sagen: das wird sich alles schon von selbst geben, jeder wird immer Arbeit und Brot finden, und es nun auf dieses gute Glück ankommen zu lassen, ist einer durchaus rechtlichen Verfassung nicht anständig. Redet man etwa von einem Sperlinge, der, so lange er dem Netze entgeht, sein Körnchen freilich auch findet, auf den man aber keinesweges rechnet, und noch weit lieber sähe, er fände sein Körnchen nicht? Überlässt der Staat diese Volksklassen dem Ohngefähr, so giebt er ihnen durchaus nichts. Ihr Fortkommen ist ebenso durchaus ihr eigenes Werk, als ihre Kunst oder Kenntniss es ist. Sie haben sonach gar nicht Verzicht auf das Eigenthum anderer geleistet. Der Staat kann mit keinem Rechte sie in Absicht ihres Gewerbes unter Gesetze und ein bestimmtes Verhältniss gegen die übrigen Volksklassen bringen. Sie sind in jeder Rücksicht frei, sowohl vom Gesetze, als dem Rechte entblösst, ohne Regel, wie ohne Garantie; halbe Wilde im Schoosse der Gesellschaft. Bei der völligen Unsicherheit, in welcher sie sich befinden, bevortheilen und berauben sie – zwar nennt man es nicht Raub, sondern *Gewinn* – sie bevortheilen und berauben solange und sogut, als sie es können, diejenigen, welche hinwiederum sie bevortheilen und berauben werden, sobald sie die Stärkeren sind. Sie treiben es, solange als es geht, und bringen für den Nothfall, gegen welchen ihnen nichts bürgt, in Sicherheit, soviel sie vermögen. Und an diesem allen thun sie nichts weiter, als wozu sie das vollkommenste Recht haben.

Aus dieser Schliessung der Erwerbszweige, und dieser Gewährleistung, dass jeder die gewohnten Bedürfnisse stets zu einem billigen Preise haben solle, folgt die Schliessung des Handelsstaates gegen das Ausland von selbst; und es ist nicht nöthig, darüber noch ein Wort hinzuzusetzen.

Zweites Buch. Zeitgeschichte.

Vom Zustande des Handelsverkehrs in den gegenwärtigen wirklichen Staaten.

Erstes Capitel.

Vorerinnerung.

Nicht zu bewundern sey der Gipfel der Weisheit, sagt ein Alter. Inwiefern er von jenem die Fassung raubenden und die ruhige Besonnenheit störenden Anstaunen des Unerwarteten redet, hat er ganz Recht. Wir aber möchten hinzusetzen: in dem Vermögen sich über etwas zu verwundern, bestehe die Anlage zur Weisheit, zum Selbstdenken, zur freien Erzeugung von Begriffen.

Der Nichtdenker, der doch gesunde Sinne und Gedächtniss hat, fasst den vor seinen Augen liegenden wirklichen Zustand der Dinge auf, und merkt sich ihn. Er bedarf nichts weiter, da er ja nur in der wirklichen Welt zu leben und seine Geschäfte zu treiben hat, und zu einem Nachdenken gleichsam auf Vorrath, und dessen er nicht unmittelbar zur Stelle bedürfte, sich gar nicht gereizt fühlt. Er geht mit seinen Gedanken über diesen wirklichen Zustand nie hinaus, und erdenkt nie einen andern; aber durch diese Gewohnheit, nur diesen zu denken, entsteht ihm allmählig, und ohne dass er sich dessen eigentlich bewusst wird, die Voraussetzung, dass nur dieser sey, und nur dieser seyn könne. Die Begriffe und Sitten seines Volkes und seines Zeitalters scheinen ihm die einzig möglichen Begriffe und Sitten aller Völker und aller Zeitalter. Dieser verwundert sich gewiss nicht, dass alles nun gerade so sey, wie es ist, weil es nach ihm gar nicht anders seyn kann; er erhebt gewiss nicht die Frage, wie es so geworden, da es nach ihm ja von Anbeginn so gewesen. Nöthigt sich ihm ja eine Beschreibung anderer Völker und anderer Zeitalter auf, oder wohl gar ein philosophischer Entwurf, wie es nirgends gewesen, aber allenthalben hätte seyn sollen, so trägt er immer die Bilder seiner Welt, von denen er sich nicht losreissen kann, hinein, sieht alles durch sie hindurch, und fasst nie den ganzen Sinn dessen, was ihm vorgetragen wird. Seine unheilbare Krankheit ist die, das *zufällige* für *nothwendig* zu halten.

Wer sich hingegen gewöhnt hat, nicht nur das wirklich vorhandene durch den Gedanken nachzubilden, sondern auch das mögliche durch denselben frei in sich zu erschaffen, findet sehr oft ganz andere Verbindungen und Verhältnisse der Dinge, als die gegebenen ebenso möglich wie diese, ja wohl noch weit möglicher, natürlicher, vernunftmässiger; er findet die gegebenen Verhältnisse nicht nur zufällig, sondern zuweilen gar wunderlich. Er also erhebt die Frage: wie und auf welche Weise ist doch alles so geworden wie es ist, da es ja auf die verschiedensten Arten anders seyn konnte? Diese Frage beantwortet ihm die Geschichte der Vorzeit; wie denn alle gründliche Geschichte nichts anderes seyn kann und soll, als eine genetische Beantwortung der Causalfrage: auf welche Weise ist denn der gegenwärtige Zustand der Dinge entstanden, und aus welchen Gründen hat die Welt sich gerade so gebildet, wie wir sie vor uns finden?

Hier haben wir es nur mit dem Handelsverkehr zu thun. Meine Leser haben schon im ersten Buche gesehen, dass der Verfasser einen ganz anderen Zustand desselben, als wir in der wirklichen Welt vorfinden, nicht nur für möglich hält, sondern sogar für gefordert durch das Rechtsgesetz. Ihn sonach kann es allerdings Wunder nehmen, warum nicht der letztere, sondern der, welchen wir wirklich vor uns sehen, eingetreten. Gegenwärtig haben wir diesen wirklich eingetretenen nur zu schildern, welches ein Theil der Zeitgeschichte wäre. Aber vielleicht wird diese Schilderung dadurch noch deutlicher, dass man einen Blick auf die Entstehung des gegebenen aus dem unmittelbar vorhergegangenen werfe. Auf das Vermögen und die Willigkeit des Lesers sich zu verwundern, auf seine Gewandtheit, von der Gegenwart wegzusehen, und sich in die Vergangenheit oder Zukunft mit seinen Gedanken ganz hineinzuversetzen, rechnen wir inzwischen auch hier.

Zweites Capitel.

Die bekannte Welt als ein einiger grosser Handelsstaat angesehen.

Die Völker der alten Welt waren durch eine Menge von Verhältnissen sehr streng von einander geschieden. Ihnen war der Fremde Feind oder Barbar. Dagegen lassen die Völker des neuen christlichen Europa sich betrachten als Eine Nation. Durch dieselbe Abstammung und dieselben ursprünglichen Gebräuche und Begriffe aus Germaniens Wäldern vereinigt, wurden sie, seit ihrer Verbreitung durch die Provinzen des abendländischen römischen Reiches, noch durch dieselbe gemeinschaftliche Religion, und dieselbe Unterwürfigkeit gegen ein sichtbares Oberhaupt der letzteren verbunden. Den Völkern von anderer Abstammung, welche später hinzukamen, wurde zugleich mit der neuen Religion dasselbe germanische Grundsystem von Gebräuchen und Begriffen angebildet.

Man geräth durchaus in die Irre, wenn man auf die einzelnen Niederlassungen dieser Halb-Barbaren unsere Begriffe von Staat, von Obrigkeit und Unterthan überträgt. Sie lebten in der That im Naturstande. Nur zum Kriege wurden sie durch ihre Könige, welche nach der Sitte der germanischen Wälder eigentlich Heerführer waren, vereiniget, und waren übrigens, ohne politisches Band in den meisten Stücken, ihre eigenen Richter und Vertheidiger. Nur durch das Verhältniss der Leibeigenen zu ihren Herren, und der Vasallen zum Lehnsherrn hingen die Volkshaufen zusammen; und lediglich aus diesen Verhältnissen gingen die wenigen richterlichen, eigentlich *schieds*richterlichen Handlungen, die da statthatten, als *eine Folge* hervor: weit entfernt dass sie *Zweck an sich*, dass *die Gesetze das eigentliche Bindungsmittel* der Nation hätten seyn sollen. Selbst das Band der Lehnsverfassung verband so gelinde, dass derselbe Mann Vasall des Einen Königs, und Allodienbesitzer in den Ländern eines anderen seyn konnte, und, im Falle eines Krieges zwischen beiden Königen, als Vasall in Person *für* denjenigen streiten musste, *gegen* welchen er als Allodienbesitzer seinen Mann stellte.

Was Wunder, dass diese Völkerschaften, die durch alles vereinigt, und durch dasjenige, was sonst die Menschen trennt, durch die Staatsverfassung, nicht getrennt wurden, da sie in der That keine hatten – sich betrachteten und betrugen als Eine Nation, dass sie sich durch einander vermischten, reisten, Handel und Wandel trieben, Dienste nahmen, und dass jeder auf dem Gebiete des anderen angekommen, noch immer zu Hause zu seyn glaubte.

Erst später durch Einführung des römischen Rechtes, und Übertragung römischer Begriffe von Imperatoren auf die modernen Könige und den modernen Kaiser, der ursprünglich wohl nur als Feldherr der Christenheit gedacht wurde, und für die ganze Kirche das seyn *sollte*, was die Kastenvögte für einzelne Bisthümer oder Klöster, – erst dadurch kamen eigentlich politische Begriffe und Einrichtungen in den Umlauf: und das Verhältniss der Leibeigenen und Vasallen zu ihren Herren verwandelte sich allmählig in ein Verhältniss von Unterthanen gegen ihre Obrigkeit, und ihren Richter. So entstand z.B. zuerst in Frankreich eine Monarchie im alten Stile. Nun erst wurden Völkerschaften durch Staatsverfassung geschieden.

Diese Trennung wurde noch dadurch erleichtert, dass durch die Kirchen-Reformation die geistliche Gewalt, die die christliche Kirche bisher zu einem Ganzen zusammengehalten hatte, zu Grunde gerichtet wurde.

So haben die modernen Staaten sich gebildet, – nicht, wie man in der Rechtslehre die Entstehung eines Staates zu beschreiben pflegt, durch Sammlung und Vereinigung unverbundener Einzelner unter die Einheit des Gesetzes, sondern vielmehr durch Trennung und Zertheilung einer einigen grossen jedoch nur schwach verbundenen Menschenmasse. Die einzelnen Staaten des christlichen Europa sind solche losgerissene, ihrer Ausdehnung nach grösstentheils durch das Ohngefähr bestimmte Stücke des ehemaligen Ganzen.

Es ist kein Wunder, dass die nicht seit langem geschehene Trennung noch nicht vollendet ist, dass noch immer merkliche Spuren des ehemaligen Zusammenhanges übrig sind, und dass ein Theil unserer Begriffe und unserer Einrichtungen diesen aufgehobenen Zusammenhang noch immer als fortdauernd vorauszusetzen scheint.

Während jener Einheit des christlichen Europa hat unter andern sich auch das Handelssystem gebildet, das wenigstens nach seinen Grundzügen bis auf die gegenwärtige Zeit fortdauert. Jeder Theil des grossen Ganzen, und jedes Individuum erbaute, fabricirte, erhandelte von anderen Welttheilen, was es seiner natürlichen Lage nach am zweckmässigsten vermochte, und brachte es durch alle Theile desselben Ganzen ungehindert auf den Markt, und die Preise der Dinge machten sich von selbst. In dieser Gegend bemächtigte man sich ausschliessend dieses Nahrungszweiges, in einer anderen eines anderen; und wem kein Nahrungszweig ausschliessend zu Theil wurde, musste eben armseliger leben, ohne doch dabei ganz zu Grunde zugehen. Damals war eine Waare durch den Ort, wo sie verfertigt wurde, sattsam bezeichnet; und Kaufleute in einem gewissen Artikel benannte man kurz nach dem Lande, woher sie kamen, indem es sich verstand, dass die Waare nirgend anders verfertigt würde, und dass Personen aus dem bezeichneten Lande in keiner anderen Absicht kommen könnten, als um diese Artikel zum Kauf auszubieten. Es galt ein gemeinschaftliches Tauschmittel, Gold- und Silbergeld, das in allen Theilen des grossen Handelsstaates so ziemlich denselben werth hatte und aus einem in den anderen ungehindert circulirte. An eine Berechnung dieses Handels gegen die gesammte inländische Production war nicht zu gedenken, indem es ja keinen eigentlichen gemeinschaftlichen Oberherrn gab, und alles in der Anarchie war. Doch war bei der geringen Verbreitung der Künste nicht zu befürchten, dass der Markt überführt werden, der Fabricant und der Kaufmann leiden, oder Mangel an Nahrungsmitteln für ihn eintreten werde; noch bei der einfachen Lebensart und den eingeschränkten Bedürfnissen der Menschen, dass der Producent der gewohnten Waare werde entbehren müssen. – Der Handel war in diesem Zustande durchaus frei, ohne Berechnung, sowie ohne Beschränkung.

Dies war, lediglich den Mangel der Berechnung abgerechnet, welche nicht möglich und nicht sehr nöthig war, bei jener Lage der Dinge durchaus in der Ordnung. Die Bürger desselben Staates sollen alle durch einander Handel und Wandel treiben. War das christliche Europa ein Ganzes, so musste der Handel der Europäer unter einander frei seyn.

Die Anwendung auf den gegenwärtigen Zustand der Dinge ist leicht zu machen. Ist das ganze christliche Europa, mit den hinzugekommenen Colonien und Handelsplätzen in anderen Welttheilen, noch immer ein Ganzes, so muss freilich der Handel aller Theile mit allen freibleiben, wie er ursprünglich war. Ist es im Gegentheil in mehrere, unter verschiedenen Regierungen stehende Staatsganze getrennt, so muss es ebenso in mehrere durchaus geschlossene Handelsstaaten getrennt werden.

Wir sind zur Quelle des grössten Theiles der noch bestehenden Misbräuche gekommen. Im neuen Europa hat es eine geraume Zeit hindurch gar keine Staaten gegeben. Man steht gegenwärtig noch bei den Versuchen, welche zu bilden. Man hat ferner die Aufgabe des Staates bis jetzt nur einseitig und mir halb aufgefasst, als eine Anstalt, den Bürger in demjenigen Besitzstande, in welchem man ihn findet, durch das Gesetz zu erhalten. Die tiefer liegende Pflicht des Staates, jeden in den ihm zukommenden Besitz erst einzusetzen, hat man übersehen. Dieses letztere aber ist nur dadurch möglich, dass die Anarchie des Handels ebenso aufgehoben werde, wie man die politische allmählig aufhebt, und der Staat ebenso als Handelsstaat sich schliesse, wie er in seiner Gesetzgebung und seinem Richteramte geschlossen ist.

Alle Einrichtungen, welche den unmittelbaren Verkehr eines Bürgers mit dem Bürger eines anderen Staates erlauben oder voraussetzen, betrachten im Grunde beide als Bürger Eines Staates, und sind Überbleibsel und Resultate einer Vorfassung, die längst aufgehoben ist, sind in unsere Welt nicht passende Theile einer vergangenen Welt. Jene Systeme, welche Freiheit des Handels fordern, jene Ansprüche, in der ganzen bekannten Welt kaufen und Markt halten zu wollen, sind aus der Denkart unserer Voreltern, für welche sie passte, auf uns überliefert worden; wir haben sie ohne Prüfung angenommen, und sie uns angewöhnt, und es ist nicht ohne Schwierigkeit, andere an ihre Stelle zu setzen.

Drittes Capitel.

Gegenseitiges Verhältniss der Einzelnen in diesem grossen Handelsstaate.

Die Untersuchung, wie es doch zugegangen sei, dass die Menschen sich vereinigt, gerade Gold und Silber, und nichts anderes an seiner Stelle, als Zeichen alles Werthes gelten zu lassen, würde uns zu weit führen. Wenigstens ist der Grund, den ein berühmter Schriftsteller dafür anführt, nicht hinreichend. Man möge wohl, sagt derselbe, ein Quantum Goldes oder Silbers deswegen als Aequivalent einer bestimmten anderen Waare seiten lassen, weil die Gewinnung des ersteren ebensoviel Zeit und Mühe gekostet habe, als die Gewinnung oder Verfertigung der letzteren. Angenommen, dass diese Gleichheit der aufgewandten Mühe wirklich stattfinde, so fragt sich nur, da der sich selbst überlassene Mensch das Product des anderen gar nicht nach der Mühe, die jener darauf verwandt, sondern vielmehr nach dem Nutzen schätzt, den er selbst davon zu ziehen gedenkt, – es fragt sich, warum der Landbauer die Mühe des Bergmanns bei Gewinnung eines Stück Goldes der seinigen bei Gewinnung einiger Scheffel Korns gleichgesetzt, und für ebensowohl angewendet gehalten, da der letztere ohne sein Korn gar nicht leben, dieser aber mit dem Golde jenes natürlicherweise nichts anfangen kann Wenn irgend jemand zwecklose Mühe anwendete, würde sich denn das Menschengeschlecht für verbunden halten, ihm dieselbe durch zweckmässige zu vergelten?

Dies aber habe ich ausdrücklich zu erinnern, dass der Werth dieser Metalle lediglich auf der allgemeinen Übereinstimmung über ihren Werth beruhe. Jeder nimmt sie in einem gewissen Verhältnisse zu seiner Waare an, weil er sicher ist, dass Jederman, mit dem er in Verkehr kommen kann, sie hinwiederum von ihm in demselben Verhältnisse annehmen wird. Der wahre innere Werth dieser Metalle, ihre Brauchbarkeit zur Verarbeitung, kommt ihrem äusseren auf der Meinung beruhenden Werthe bei weitem nicht gleich. Die Fabricate daraus erhalten ihren Werth lediglich durch die Rücksicht, dass man wiederum Geld aus ihnen machen könne, oder wenigstens hätte machen können. Der in ihnen liegende Geldstoff muss mit bezahlt werden.

Aber eben darum, welches ich nur im Vorbeigehen erinnere, weil der Werth des Weltgeldes gegen die Waare keine andere Garantie hat, als die öffentliche Meinung, ist dieses Verhältniss schwankend und wandelbar, wie diese. Fast nur durch die Verbreitung der Ansicht, dass die Waare theurer oder wohlfeiler werde, statt der richtigeren, dass der Werth des Geldes falle oder steige, hat man dem grossen Publicum die Augen für diese Wandelbarkeit verschlossen. Das oben beschriebene Landesgeld würde eine ganz andere Garantie haben, indem es Grundgesetz des Staates seyn müsste, sein ausgegebenes Geld auf ewige Zeiten zu demselben Werthe gegen die Waare selbst anzunehmen, und bei diesem Werthe es auch unter den Mitbürgern zu erhalten.

Dieses alles vorausgesetzt, ist das Verhältniss des im grossen Handels- staate circulirenden Geldes zu der in seinem öffentlichen Handel befind- lichen Waare ebenso, wie wir es oben im Vernunftstaate beschrieben ha- ben. Die ganze Masse des Geldes repräsentirt und ist werth die ganze Masse der Waare; und jeder sovielste Theil des ersteren jeden sovielsten Theil des Werthes der zweiten. Es ist ganz gleichgültig, ob, bei bleibender 455 Menge der Waare, eine grössere oder kleinere Menge Geldes im Umlauf sey: und der Reichthum beruht auch hier gar nicht darauf, wieviel Geld, sondern den wievielsten Theil von allem vorhandenen Gelde man habe. Wenigstens ist es als das einige feste Princip in diesem unaufhörlichen Schwanken anzunehmen, dass der sovielste Theil des circulirenden Geldes dem sovielsten Theile des Waarenwerthes (ich rede vom inneren Werthe zur Erhaltung und Annehmlichkeit des Lebens) gleich sey: ohnerachtet freilich dieses Verhältniss dadurch, dass man nie so recht weiss, wieviel Geld und wieviel Waare umlaufe, dass bald das eine, bald die andere durch Kunst ausser Umlauf gebracht und vertheuert wird, und durch eine Menge ähnlicher Umstände schwankend, vom Ohngefähr abhängig und der Bevortheilung ausgesetzt wird.

Ich setze noch immer den Fall voraus, dass der Handel durch den ganzen grossen Handelsstaat durchaus frei sey, und unter gar keinen Be- schränkungen stehe. In diesem Falle ist jedes Individuum freies und selbstständiges Mitglied des Handelsstaates; es lässt sich bis jetzt noch kein gemeinschaftliches Interesse mehrerer ersehen, durch welches diese Mehreren zu einem Körper, zu einem einigen grösseren Ganzen im Handelsstaate vereinigt würden. Jeder Einzelne hat durch den Besitz eines Stück Geldes Anspruch auf jede mögliche Waare an allen Orten des grossen Handelsstaates, die ein so grosser Theil von aller in ihm befindlichen Waare ist, als sein Geld von allem Gelde. Jeder aber ist in diesem Anspruche selbstständig: ob irgend ein anderer Geld habe, oder nicht, ist ihm ganz gleichgültig; das seinige erhält in keinem Falle einen höheren oder geringeren Werth.

Höchstens die geographische Lage, die grössere oder geringere Entfernung von dem Orte der Gewinnung oder Verfertigung einer Waare könnte Mehrere unter Ein Schicksal vereinigen, und sie als einen besonderen Handelskörper hinstellen, der gemeinschaftliche Vortheile oder Nachtheile hätte. Aber wir sehen hier davon ab.

Denke man sich die Masse des im Handelsstaate circulirenden Geldes als gleich ausgetheilt an alle an ihm theilnehmende Individuen, so haben alle den gleichen Anspruch auf eine gleich grosse Menge der vorhandenen Waare. Alle sind gleich reich, d.h. es ist keiner relativ reich oder arm. Vom *inneren* Reichthum oder Wohlstand aller, d.h. ob von den Waaren, die sie mit ihrem Gelde kaufen können, alle angenehm, oder nothdürftig, oder armselig leben werden, ist hier nicht die Rede.

Wessen Antheil am vorhandenen Gelde sich über dasjenige, was er durch die gleiche Theilung erhalten würde, hinauserstreckt, der ist relativ reich, reicher, je höher sein Antheil sich über die Gleichheit hinauserstreckt. So ist derjenige relativ arm, der weniger hat, als nach gleicher Theilung auf ihn kommen würde.

Da jedoch jener Geldvorrath nur Werth hat, inwiefern man ihn für Waare auszugeben rechnet, und er bald ganz ausgegeben seyn wird, wenn man nicht ein Mittel hat, den Abfluss wieder zu ersetzen, so ist eigentlich nur derjenige relativ reich zu nennen, der eine, an Geldwerthe sein Quantum von einer gleichen Theilung aller Waare übersteigende Menge von Waaren periodisch gewinnt, diese in Geld, und das dafür erhaltene Geld in Waare, die er nicht selbst gewinnt, umzusetzen weiss: vielleicht selbst dieses mit Vortheil, d.h. so, dass er *seine* Mühe anderen höher anschlage, als er ihnen die ihrige ansetzt, und sie weit mehr für sich arbeiten lasse, als er für sie arbeitet.

Natürlicherweise will jeder an dem anderen gewinnen, soviel als möglich, und den anderen an sich gewinnen lassen, sowenig als möglich; jeder will den anderen soviel als möglich für sich arbeiten lassen, und dagegen sowenig als möglich für ihn arbeiten. Wird er durch kein Gesetz und keine Obrigkeit daran verhindert, so wird er denn auch alle mögliche Mittel anwenden, um dieses durchzusetzen. Jeder Thaler, den er erlangt, ist ihm nun zwei werth. Den ersten dadurch, dass er ihn hat, und mit demselben Anspruch auf den Dienst des anderen; den zweiten dadurch, dass ihn kein anderer hat, und keinen Anspruch auf seinen Dienst.

Es entsteht ein endloser Krieg aller im handelnden Publicum gegen alle, als Krieg zwischen Käufern und Verkäufern; und dieser Krieg wird heftiger, ungerechter und in seinen Folgen gefährlicher, je mehr die Welt sich bevölkert, der Handelsstaat durch hinzukommende Acquisitionen sich vergrössert, die Production und die Künste steigen, und dadurch die in Umlauf kommende Waare an Menge und mit ihr das Bedürfniss aller sich vermehrt und vermannigfaltigt. Was bei der einfachen Lebensweise der Nationen ohne grosse Ungerechtigkeit und Bedrückung abging, verwandelt sich nach erhöhten Bedürfnissen in das schreiendste Unrecht, und in eine Quelle grossen Elendes. Der Käufer sucht dem Verkäufer die Waare abzudrücken; darum fordert er Freiheit des Handels, d.h. die Freiheit für den Verkäufer, seine Märkte zu überführen, keinen Absatz zu finden, und aus Noth die Waare weit unter ihrem Werthe zu verkaufen. Darum fordert er starke Concurrenz der Fabricanten und Handelsleute, damit er diese, durch Erschwerung des Absatzes bei der Unentbehrlichkeit des baaren Geldes nöthige, ihm die Waare um jeden Preis, den er ihnen noch aus Grossmuth machen will, zu geben. Gelingt ihm dies, so verarmt der Arbeiter, und fleissige Familien verkommen im Mangel und Elende, oder wandern aus von einem ungerechten Volke. Gegen diese Bedrückung vertheidigt sich, oder greift auch wohl auf den Vorrath an der Verkäufer durch die mannigfaltigsten Mittel, durch Aufkaufen, durch künstliche Vertheuerung, und dergl. Er setzt dadurch die Käufer in die Gefahr, ihre gewohnten Bedürfnisse plötzlich zu entbehren, oder sie ungewöhnlich theuer bezahlen, und in einer anderen Rücksicht darben zu Müssen. Oder er bricht an der Güte der Waare ab, nachdem man ihm am Preise abbricht. So erhält der Käufer nicht, was er zu erhalten glaubte: er ist betrogen; und mehrentheils entsteht bei schlechter, leichter Arbeit noch überdies ein reiner Verlust an der öffentlichen Kraft und Zeit, und den Producten, die so übel verarbeitet werden.

Kurz, keinem ist für die Fortdauer seines Zustandes bei der Fortdauer seiner Arbeit im mindesten die Gewähr geleistet; denn die Menschen wollen durchaus frei seyn, sich gegenseitig zu Grunde zu richten.

Viertes Capitel.

Gegenseitiges Verhältniss der Nationen, als Ganzer im Handelsstaats.

Solange die Regierungen der besonderen Staaten, aus denen der Handelsstaat besteht, keine unmittelbaren Abgaben von den Bürgern ziehen,
sondern die Kosten der Staatsverwaltung etwa von Domainen bestreiten,
bleibt das Verhältniss der Einzelnen in Beziehung auf den Handelsstaat,
wie wir es soeben beschrieben. Alle sind für sich bestehende freie Mitglieder desselben, deren Bereicherung oder Verarmung keinen anderen, und
ebensowenig ihre Regierung interessirt. Die Regierung selbst stellt
gleichfalls ein für sich bestehendes, sein Vermögen verwaltendes, und mit
demselben im Auslande und Inlande Verkehr treibendes Mitglied vor.

Aber sowie die Regierung unmittelbare Abgaben, und zwar in dem
gemeinschaftlichen Tauschmittel des Handelsstaates, in Weltgelde, zieht,
entstehen neue Rücksichten, und die Verhältnisse im Handelsstaate werden
zusammengesetzter.

Der Vernunftstaat zieht nach obigem soviel an Abgaben, als er *bedarf*.
Bei den wirklichen Staaten wird man im Durchschnitte sehr sicher gehen,
wenn man annimmt, dass jeder zieht, soviel er *kann*; welches ihnen auch
gar nicht zu verdenken ist, indem sie in der Regel nicht ziehen können,
soviel sie bedürften, – für die Ausführung von Zwecken; die grösstentheils
aus Mangel an Vermögen bisher unausgeführt geblieben.

Die Regierungen ziehen diese Abgaben in Weltgelde, da sie den Inländer
sowohl als den Ausländer nur in diesem Gelde bezahlen; als ob sie zu
dem ersteren keine nähere Beziehungen hätten, als zu jedem unter den
letzten. Dies kann freilich nicht anders seyn, wenn der besondere juridische
Staat gar keine besondere Handelsgesellschaft bildet, und jeder einzelne
Bürger ebenso leicht mit dem entferntesten Ausländer, als mit seinem
benachbarten Mitbürger in Verkehr gerathen kann, und in Absicht seiner
Einkaufs- oder Verkaufs-Preise von dem ersteren ebenso sehr abhängt,
als von dem letzteren, welcher in dieser Rücksicht gar nicht sein Mitbürger,
sondern ein durchaus freies Individuum ist. Jeder muss dann auf alle
Fälle mit dem allgemeingeltenden Tauschmittel versehen werden, und
kann kein anderes brauchen.

Je mehr die Unterthanen von diesem Weltgelde besitzen, desto mehr
kann die Regierung von ihnen als Abgabe ziehen; je weniger desto weniger.
Es wird sonach Interesse der Regierung, dass alle, die da Abgaben entrich-

ten, recht viel haben, damit die Regierung viel von ihnen nehmen könne. Und so vereinigen *im Begriffe der Regierung* diese Abgaben entrichtenden Bürger sich in Eins, einen einzigen Körper, für dessen Wohlhabenheit jene sich interessirt; ohnerachtet die Einzelnen *in ihren eigenen Begriffen* von einander getrennt bleiben, und ohne gemeinschaftliches Interesse. Für die Regierung ist nur Ein Vermögen da, das des Abgabe entrichtenden Körpers. Und nun erst erhält der Begriff von National-Vermögen, und von einer Nation, die da Vermögen hat, einen Sinn. Vorher, oder abgesehen von dieser Ansicht, und da, wo der Staat nur darüber wacht, dass keiner dem anderen etwas nehme, ohne darauf zu sehen, dass jeder etwas habe, ist zwar eine durch Gesetze und durch einen gemeinschaftlichen Richterstuhl, keinesweges aber eine durch ein gemeinschaftliches Vermögen vereinigte Nation da. – So führet die Natur die Regierungen am eigenen Vortheile über die engen Grenzen hinaus, die sie ihrer Verwaltung setzen, und giebt ihnen durch den Nutzen ein Interesse, das sie schon um des Rechts willen haben sollten.

Führen mehrere, oder alle im Handelsstaate befindliche Regierungen Geldabgaben ein, so entstehen aus ihrem Gesichtspuncte mehrere National-Vermögen, und ein Verhältniss dieser Vermögen zu einander.

Es giebt drei Arten dieses Verhältnisses.

Von dem inneren Wohlstande der Bürger, ihrer leichteren oder mühseligeren Lebensweise jetzt abgesehen, würde, da die wahre Quelle des Reichthums doch nur im Waarenbeitrage liegt, eine Nation, die da Waare für ebensoviel Geld und von demselben inneren bleibenden Werthe, periodisch von dem Auslande erhielte, als sie in dasselbe ablieferte, relativ weder arm noch reich zu nennen seyn. Sie wäre, gegen das gesammte Ausland, hier als Eins genommen (denn nichts verhindert, dass sie gegen Eine Nation verliere, wenn sie nur an den übrigen wieder ebensoviel gewinnt), im Zustande des vollkommenen Gleichgewichts. Sie behielte unvermindert ihr umlaufendes Geld, und die Regierung könnte fortdauernd dieselben Abgaben erheben, die sie zu erheben pflegt.

Ich zähle hier zum Vermögen der Nation auch die Kasse der Regierung, die ich mir als eins der handelnden Individuen aus der Nation denke; und setze voraus, dass auch sie nicht mehr Geld in das Ausland ausgiebt, als sie aus demselben zieht, indem ja nur unter dieser Bedingung der oben gesetzte Fall eintritt.

Oder, – welches der zweite Fall ist, – eine Nation produciret, fabriciret, arbeitet weit mehr und weit vortheilhafter für die gewöhnten Bedürfnisse des Auslandes, und setzt diese Resultate ihrer Arbeit gegen Geld ab, als das letztere für ihre Bedürfnisse arbeitet, und Geld gegen seine Arbeit erhält. Eine solche Nation ist relativ reich. Das in ihr umlaufende Geld vermehrt sich periodisch; sie ist pecuniarisch reich. Dieser Reichthum ist gegründet und dauerhaft, wenn die Quellen seiner Waaren nicht versiegen, und das Bedürfniss des Auslandes dasselbe bleibt.

Da das Geld doch nur unter der Bedingung Werth hat, dass es ausgegeben werde, und seinen repräsentativen Werth doch nur dadurch erhält, wenn es im ganzen Handelsstaate umläuft, und die Preise der Waaren in allen Gegenden bestimmen hilft, keinesweges aber, wenn es unter Einer Nation zusammengedrängt ist, gegen deren Waaren es nothwendig verlieren müsste: so muss und wird jene reiche Nation ihren periodisch gewonnenen Geldüberschuss nothwendig wiederum in das Ausland ausgeben, dass sonach die Einnahme dieses Auslandes mit der Ausgabe wiederum in das Gleichgewicht käme. Nur wird der grosse Unterschied darin liegen, dass die reiche Nation für diesen Überschuss das ihr Entbehrliche eintauscht, und den Ausländer, der für sich kaum seine Nothdurft erschwingen kann, nöthigt, für ihr Vergnügen zu arbeiten: dass sie ihren inneren Wohlstand unaufhörlich auf die Kosten des Ausländers, der immer elender wird, erhöhet. – Dies wird erst durch den Gegensatz, wenn wir unseren Blick auf eine verarmende Nation werfen werden, recht einleuchten. – Oder, der wahrscheinlichere Erfolg des pecuniarischen Reichthums, – die Regierung einer solchen Nation, nach der Maxime zu nehmen, so viel sie kann, wird jenen Gewinn am Auslande nehmen, Und damit die Kräfte des Auslandes für ihre Zwecke dingen.

Endlich – der dritte Fall – eine Nation verliert fortdauernd von ihrem Gelde im Handel gegen das Ausland. Diese ist arm und verarmt immer mehr. – Setze man, dass unter einer Nation zehn Millionen Thaler im Umlaufe seyen, und dass jährlich eine Million davon gegen Waaren vom Auslande verloren gehe. Diese zehn Millionen repräsentiren im ersten Jahre die im Inlande gewonnenen, oder gegen sie ausgetauschten Waaren des Auslandes, und ein Quantum Waare desselben Auslandes, das nur gegen Geld eingetauscht werden kann. Im folgenden Jahre sind nur noch neun Millionen im Lande; – denn von dem Falle, dass etwa eine vorher gefüllte Staatskasse, oder bedeutende gesammelte Schätze von Einzelnen in die Circulation ausströmen, der ohne das kein gründliches Gegenmittel gewährt, sehe ich hier ganz ab. Von diesen neun Millionen repräsentirt die Eine nach wie vor die vom Auslande nur gegen Geld einzutauschende

Waare: die übrigen achte dasselbe Quantum, das vorher durch neune repräsentirt wurde. Da weniger Geld zu derselben Waare ist, so sollten der Regel nach sich die Preise ändern, und der Werth des Geldes steigen. Aber theils kauft das ganze Ausland der Voraussetzung nach mit, und bringt sein Geld als Tauschmittel gegen diese Waare: theils handeln vielleicht die Inländer, die ja Waare gegen Waare tauschen, und ebenso der Ausländer, wo er Waare zu erwarten hat, ohne Geld, auf Credit, lassen Waare durch Waare repräsentiren, oder die Circulation wird schneller, und der Mangel des Geldes durch die Zeit seines Umlaufes gedeckt. Es ist nicht unmöglich, dass die Preise dieselben bleiben. Aber soviel ist klar, dass dem Calcul nach in zehn Jahren kein Geld mehr im Lande seyn werde. Was diese gänzliche Verarmung doch aufhalte, und die Erfahrung in scheinbaren Widerspruch mit der Berechnung setze, werden wir tiefer unten sehen.

Jede Abgabe ist ein Abbruch an dem inneren Wohlstande der Nation; dies ist ihre beständige Wirkung. Der Bürger muss allemal um so viel mehr verdienen, ohne es zu geniessen, als er an den Staat abträgt. Sollen die Abgaben bei einer verarmenden Nation gleich bleiben, so wird derselben in jedem Jahre mehr an ihrem Wohlstande abgebrochen. Soll dies nicht geschehen, oder erreicht die Armuth einen solchen Grad, dass es nicht länger geschehen kann, so müssen die Abgaben, und mit ihnen die Staatseinkünfte herabgesetzt werden, und die Regierung verliert an Gewalt.

Warum sehen wir nun nicht Nationen völlig geldlos werden, da auf mehrere derselben die soeben gegebene Beschreibung seit geraumer Zeit zu passen scheint? Aermer an Gelde sind denn doch wirklich auch viele geworden Die vollständige Verarmung, und den offenbaren Anblick derselben verdeckt eine immer schlechtere Nationalwirthschaft, bei welcher alles mögliche feil geboten und zur Waare gemacht, und durch die das Capital, die Nation selbst, aufgezehrt wird, nach dem die Interessen, die Arbeit der Nation, nicht mehr hinreichen wollen. Das eigentliche Resultat dieser Wirthschaft ist dieses, dass der Menschen, unter die das kleine übrig gebliebene Nationalvermögen getheilt wird, immer weniger werden, indem das Land sich fortdauernd entvölkert, demnach auf die Einzelnen doch noch ein grösserer Theil kommt, als ohne diese Entvölkerung kommen würde; – die Menschen wandern aus, und suchen unter einem anderen Himmelsstriche Zuflucht gegen die Armuth, der sie auf dem vaterländischen Boden nicht entgehen können: oder die Regierung macht sie zur Waare, und zieht Geld für sie vom Auslande. Nachdem der Hände, die die rohen Producte verarbeiten, weniger geworden, kann man nun auch diese verkaufen. Dieser Handel erweitert sich, die im Lande noch übrigen Fabricanten können die Producte nicht mehr an sich bringen, und verkommen im Mangel. Ihre Nahrung ist abermals reiner Gewinn für die Ausfuhr. Einiger Miswachs; und es sterben in einem solchen Lande, wo immer verkauft, und nie für den Nothfall aufgespart wird, eine Menge Menschen. Durch die Verlängerung der einheimischen Zehrer ist abermals Waare für das Ausland gewonnen. Die Ländereien fallen im Preise oder liegen wüste in einem volksleeren Lande. Es kauft sie eine Zeitlang der Ausländer auf Speculation, und es ist ein neuer Handelszweig gefunden. – Noch eine Waare, auf die man kaum hätte fallen sollen: Der Staat verkauft sich selbst, seine Selbstständigkeit, er zieht fortdauernd Subsidien, und macht sich dadurch zur Provinz eines anderen Staates, und zum Mittel für jeden beliebigen Zweck desselben.

Es geht in dieser Progression unaufhaltsam fort, wo jedem Übel durch ein grösseres abgeholfen wird. Ist die Entvölkerung aufs höchste gestiegen, so ist destomehr für den wilden Zuwuchs gewonnen, der gar keines An-baues und keiner Pflege bedarf. Nun werden Mastbäume und anderes Holz, Wildhäute, getrocknete Fische u. dgl., der herrschende Handelsartikel der wilden Abkömmlinge eines cultivirten Volks. Diese Art von Waare finden sie im Überfluss, und werden ihre wenigen Bedürfnisse dafür immer eintauschen können.

In Summa: wer da nur lebt, findet so kümmerlich seine Bedürfnisse, und er würde nicht leben, wenn er sie nicht fände. Die wahren Opfer der Verarmung der Staaten sind gestorben, vielleicht schon in ihren Vätern und Grossvätern: darum, weil sie gar nicht sind, fragt keiner, warum sie nichts haben.

Fünftes Capitel.

Die Mittel, deren sich bisher die Regierungen bedient haben, um dieses Verhältniss zu ihrem Vortheile zu lenken.

Alle Regierungen, die über dieses Verhältniss ihrer Nationen zu den übri-gen im grossen Handelsstaate die Augen geöffnet, und die sich nicht be-gnügten, auch in Rücksicht dieses Umstandes alles gehen zu lassen, wie es Gott gefiele, haben beinahe dieselben Maassregeln ergriffen, um durch

Kunst jenes Verhältniss so vortheilhaft für sich zu machen, als es irgend möglich wäre. Die gewöhnlichen Maximen, durch welche diese Absicht ausgedrückt wird, sind folgende: das Geld soll im Lande bleiben; das Geld des Ausländers soll ins Land gezogen werden. Ohne die allgemeinen väterlichen und wohlthätigen Gesinnungen so vieler Regierungen gegen ihre Unterthanen im mindesten herabzusetzen, lässt sich dennoch annehmen, dass sie wenigstens bei diesen Vorkehrungen mehr auf die Erhaltung oder Erhöhung der zu ziehenden Abgaben, und vermittelst derselben, auf ihre kriegerische Macht gegen andere Staaten gesehen haben, als auf die Sicherung des Zustandes ihrer Unterthanen.

Noch sind die allgemeinen Rechtsbegriffe nicht hinlänglich aufgeklärt, als dass die Regierungen diese Sicherung für ihre Pflicht halten sollten; auch lässt sich nicht begreifen, wie man die gewöhnlichen Maassregeln als Mittel für diesen Zweck sich gedacht haben könne.

Ob eine Nation im Handel verliere, und die Absicht der Regierung die sey, diesen Verlust zu verringern und nach und nach ganz aufzuheben; oder ob die Nation gewinne, und die Regierung diesen Zustand des Gewinnes behaupten, oder erhöhen wolle verschlägt unserer Untersuchung nichts. Der Zweck bleibt immer derselbe, nemlich das Handelsverhältniss zu seinem Vortheil zu lenken; und es sind allenthalben so ziemlich die gleichen Mittel zur Erreichung des gleichen Zwecks gebraucht worden.

Zuvörderst Vermehrung der Ausfuhr, und dadurch des Geldes, das man vom Ausländer zieht. Aufmunterung des Ackerbaues, damit man Producte auszuführen habe; und Beförderung dieser Ausfuhr, etwa durch Prämien. Es müssen besondere Umstände obwalten, dass die Ausfuhr der rohen Producte vortheilhaft sey: so dass es, wenn die ausgeführten Producte zur Verarbeitung sind, unmöglich, oder aus anderen Rücksichten nicht rathsam sey, Bearbeiter derselben in das Land zu ziehen, oder, wenn sie unmittelbar zur Nahrung dienen, Arbeiter zu finden, die sie im Lande verzehrten, und in beiden Fällen zugleich ihren Arbeitslohn der Nation mit gewönnen. Ausserdem wird in diesem Staatswirthschafts-Systeme die Ausführung der rohen Producte sowohl, als der ersten Nahrungsmittel mit Recht verboten. – Beförderung der inländischen Fabriken, und Ausfuhr der Fabricate in das Ausland wird consequenterweise in demselben Systeme unbedingt befördert.

Dann Verhinderung oder Erschwerung der Einfuhr fremder *Fabricate*, und die daraus erfolgende Verminderung des Geldes, das in das Ausland geht: entweder durch völliges Verbot dieser Waaren, oder durch beträchtliche Auflagen auf sie. Dass es nöthig und vortheilhaft seyn werde, die Einfuhr fremder *Producte* zu erschweren, – es seyen denn solche, die zum blossen Wohlleben dienen – lässt sich kaum denken. Die ersten Nahrungsmittel wird man ohnedies nicht mit Verlust der Fracht aus dem Auslande kommen lassen, wenn im Lande daran kein Mangel ist; an rohen Producten zur Verarbeitung aber, wenn diese der Ausländer ausführen lässt, und wir sie im Lande verarbeiten können, wird immer der Arbeitslohn, als Vermehrung des Nationalvermögens, gewonnen.

Endlich Aufmunterung der Handlung für und anstatt des Auslandes, indem die Nation sich zum Zwischen- und Speditionshändler der einzelnen Nationen des grossen Handelsstaates, zu ihrem Schiffer und Fuhrmanne für Wasser ihren Handelsvortheil gewinnt.

Sechstes Capitel.

Erfolg vom Gebrauche dieser Mittel.

Wir haben zwei Fragen zu beantworten: zuvörderst, in wiefern wird denn durch diese Mittel der Zweck, den man sich bei ihnen vorsetzte, wirklich erreicht; sodann, ist denn nun dieser vorgesetzte Zweck selbst zweckmässig, und derjenige, den man sich hätte vorsetzen sollen?

Was das erste anbelangt, ist sogleich klar, dass die Vermehrung, oder wenigstens die geringere Verminderung des Nationalreichthums, im obigen festgesetzten Sinne des Wortes, und die dabei beabsichtigte Verstärkung der Regierung sicher erreicht werde, wenn eine Geldsumme, die vorher an einen Ausländer kam, der dieser Regierung keine Abgabe davon entrichtete, jetzt in den Händen eines Inländers bleibt, von welchem die Regierung Abgabe ziehen kann; oder wenn eine Geldsumme, die vorher in den Händen eines Ausländers war, der einer anderen Regierung davon Abgaben zahlte, jetzt in die Hände eines Inländers kommt, der unserer Regierung Abgabe bezahlt. Von den Regierungen gilt es noch in einem höheren Sinne, was wir oben im allgemeinen sagten, dass jeder Thaler, der von ihrer Nation gewonnen wird, ihnen für zwei gilt: indem er dadurch in ihrer Botmässigkeit ist, und gegen die Zwecke jeder anderen Regierung gebraucht werden kann, und indem er in der Botmässigkeit keiner anderen ist, von welcher er gegen ihre Zwecke gebraucht werden könnte.

Aber es ist zugleich klar, dass, nachdem auch nur Eine Regierung diese Maassregeln öffentlich befolgt, und von dem Beisammenseyn in einer gemeinschaftlichen Handelsrepublik für sich und ihre Nation ausschliessende Vortheile zu ziehen sucht, alle andere Regierungen, die darunter leiden, dieselben Maassregeln befolgen müssen, wenn sie nur ein wenig weise sind; dass, nachdem Eine Nation ein Übergewicht im Handel errungen hat, diejenigen, die dadurch gedrückt werden alles Mögliche anwenden müssen, um dieses Übergewicht zu schwächen, und sich ins Gleichgewicht zu schwingen; und dass sie dies, wenn es auf Kosten der überwiegenden Nation nicht sogleich möglich seyn sollte, ebenso gern auf Kosten einer anderen noch schwächeren thun werden Es entsteht zu der feindseligen Tendenz, welche ohnedies alle Staaten gegen alle wegen ihrer Territorial – Grenzen haben, noch eine neue um das Handelsinteresse; und ein allgemeiner geheimer Handelskrieg. Zu dem Interesse des eigenen Vortheils fügt sich noch das Interesse am Verluste des anderen: man ist zuweilen froh, das letztere sogar ohne das erstere befriedigen zu können, und stiftet reinen Schaden. So rotteten die Holländer alle Gewürzstauden ausser den dazu bestimmten Inseln aus, und verbrannten einen Theil der eingeernteten Gewürze: ebenso, wie man im Kriege die Magazine verbrennt, die man nicht zu eigenem Gebrauche mit sich führen kann.

Dieser geheime Krieg geht in Thätlichkeiten über, und in solche, die nicht ehrenvoll sind. Man befördert den Schleichhandel in benachbarte Länder, und muntert ihn wohl öffentlich auf. – Das streitende Handelsinteresse ist oft die wahre Ursache von Kriegen, denen man einen anderen Vorwand giebt. So erkauft man halbe Welttheile gegen die politischen Grundsätze eines Volks, wie man sagt, da doch der Krieg eigentlich gegen dessen Handel, und zwar zum Nachtheile der erkauften selbst, gerichtet ist.

Endlich entstehen durch das Handelsinteresse politische Begriffe, die nicht abenteuerlicher seyn könnten, und aus diesen Begriffen Kriege, deren wahren Grund man nicht verhehlt, sondern ihn offen zur Schau trägt Da entsteht eine Herrschaft der Meere, welche letzteren doch, ausser der Schussweite vom Ufer der bewohnten Länder ohne Zweifel frei seyn sollten, wie Luft und Licht. Da entsteht ein ausschliessendes Recht auf den Handel mit einem auswärtigen Volke, das keine der Handel treibenden Nationen mehr angeht, als eine andere: und über diese Herrschaft und über dieses Recht entstehen blutige Kriege.

Jene Bemühungen der im Handel verlierenden Nationen werden denn doch auf die Länge nicht ohne günstigen Erfolg seyn. Ihnen haben wir dazu nur Glück zu wünschen; aber welches ist hiebei der Erfolg für die Staaten, die bisher das Übergewicht des Handels hatten? Durch jeden neuen Schritt des Ausländers zur Unabhängigkeit von ihnen verlieren sie ebensoviel an dem gewohnten Nationalreichthum, und, wenn die Regierung fort dieselben Abgaben zieht, an ihrem inneren Wohlstande, oder wenn die Regierung die Abgaben nach demselben Maassstabe herabsetzt, verliert diese in gleichem Maasse an ihrer bisherigen Macht gegen das Ausland. Hätte sie diese Macht etwa nur auf eine Zeitlang, gewollt, und für die Erreichung eines vorübergehenden Zwecks, der vernünftigerweise nicht füglich ein anderer seyn kann, als die Erlangung ihrer natürlichen Grenze, und mit ihr die Sicherheit vor jedem Kriege; hätte sie sich des vorübergehenden Zeitpunctes ihres pecuniarischen und kriegerischen Übergewichtes bedient, um diesen Zweck wirklich zu erreichen: so könnte sie sich dieses Sinken ruhig gefallen lassen; sie hat Alles, was sie bedarf, sie schliesse sich auch als Handelsstaat, und sey sich selbst genug. Aber welchem von den bestehenden Staaten lässt sich wohl eine solche Bescheidenheit zuschreiben, Hätte sonach die vorausgesetzte Regierung auf die Fortdauer ihres ehemaligen Übergewichtes gerechnet, und, weil ihre vernünftigen oder vernunftwidrigen Zwecke noch nicht erreicht sind, darauf rechnen müssen, so wäre sie durch die Fortschritte des Auslandes sehr in Nachtheil gesetzt. Ihr Sinken würde von den Nachbarn bald bemerkt, und der im Handel geschwächte Staat nun auch noch durch Kriege geschwächt werden.

In einem noch weit nachtheiligeren Lichte erscheint dieses System, wenn man auf den wahren Zweck sieht, den die Regierungen bei der Einrichtung des Handels sich vorsetzen sollten: auf die Sicherung des gewohnten Zustandes ihrer Unterthanen. Diese Sicherung wird ebensosehr durch die Klugheit gefordert, als durch die Gerechtigkeit, von welcher letzteren wir hier ganz absehen wollen. Die Erhaltung der inneren Ruhe ist nothwendig der erste Zweck der Regierung, und muss der Beförderung ihrer Macht nach aussen stets vorangehen, indem die letztere durch die erstere bedingt ist. – Jene Sicherung aller bei dem gewohnten Zustande wird nur durch die im ersten Buche beschriebene genaue Berechnung der verschiedenen Stände der Nation gegen einander, und durch die völlige Schliessung des Handels gegen das Ausland, keineswegs aber durch die hier angeführten unvollständigen Maassregeln erreicht. Kein Staat, der auf Absatz an das Ausland rechnet, und auf diese Rechnung hin die Industrie im Lande ermuntert und lenkt, kann seinen Unterthanen die Fortdauer dieses Absatzes sichern. Legt der Nachbar sich auf dieselben Nahrungszweige, oder auch wird er durch ein Verbot seiner Regierung plötzlich genöthigt, diese ausländische Waare zu entbehren, so ist der Arbeiter ohne Nahrung, und verkommt in Mangel. Der einige Trostgrund, den man auf diesen Fall anführt, ist der, dass diese Stockung des gewohnten Handels doch nicht auf einmal eintreten werde, dass man schon an einem anderen Orte Absatz finden werde, wenn man an diesem ihn verliere, dass man auf andere Nahrungszweige sich werfen werde, wenn es mit dem einen nicht mehr recht fort wolle. Abgerechnet, dass plötzliche Waarenverbote im Auslande doch auch augenblickliche, und schnelle Verlegenheiten hervorbringen können, wird durch jene Langsamkeit des Verfalls in der That nichts erspart, als der zu merkliche und auffallende Anblick der Verarmung. Aber die da zu Grunde gehen, gehen doch zu Grunde, und es ist dem Wesentlichen nach für die Nation einerlei, ob es in Einem Jahre geschieht, oder in zwanzig. – Kein Fabricant, der nur auf Absatz im Inlande rechnen kann, und darauf gewiesen wird, ist, ohnerachtet aller Erschwerung der Einfuhr derselben Waare aus dem Auslande, und aller Vertheuerung dieser ausländischen Waare durch Auflagen, seines Absatzes sicher; wenn es nur überhaupt erlaubt bleibt, diese Waare in unbestimmter Menge einzuführen. Der Markt kann überführt, und Er sowohl, als der Ausländer, genöthigt werden, unter dem Preise zu verkaufen; oder seine Landsleute fahren doch fort, die theurere, aber beliebtere, oder in der That bessere ausländische Waare statt der inländischen wohlfeileren zu Lauten; oder der Ausländer erfindet neue Vortheile, die ihn in den Stand setzen, seine Waaren, ohnerachtet des darauf liegenden Impostes, in einem niedrigeren Preise zu verkaufen, als der Inländer. Eine aufmerksame Regierung wird freilich in diesem Falle ins Mittel treten, und den Impost abermals erhöhen; aber während dieser Zeit sind schon diejenigen Fabricanten, die den Verlust nicht übertragen konnten, zu Grunde gegangen, und alle beschädigt. – Die andere Seite der Nachtheile ist sogleich klar, und bedarf nicht vieler Worte, um auseinandergesetzt zu werden. Ohnerachtet aller Beförderung der inländischen Industrie, kann kein Staat seinen Unterthanen zusichern, ihre gewohnten Bedürfnisse stets zu einem billigen Preise zu haben, der von der unberechneten und nicht in seiner Gewalt befindlichen Zufuhr der Ausländer abhängt. Die letzteren bleiben durch einen Zufall ganz weg, Und es mangelt nun ihre

Waare: oder sie bringen die Waare in geringerer Menge, und die Preise der Waare steigen.

Man sage, welchen Umstand ich hier bloss im Vorbeigehen berühre – man sage nicht, dass ich hier aus nicht zugestandenen philosophischen Grundsätzen den Regierungen ein Geschäft anmuthe, das sie nimmermehr als das ihrige anerkennen worden; indem ich voraussetze, dass sie dem Arbeiter Arbeit und Absatz, dem Käufer den nöthigen Vorrath der gewohnten Waare um einen billigen Preis verschaffen sollen. Dafür müsse jeder selbst sorgen, und die Regierung damit unbehelligt lassen. – Aber von jeher haben in allen policirten Staaten Fabricanten, deren Werkstätten, aus Mangel an Absatz oder am rohen Stoffe, plötzlich stillstehen mussten, oder ein Volk, das in Gefahr kam, der ersten Nahrungsmittel zu entbehren, oder das sie ohne alles Verhältniss gegen den bisherigen Preis theuer bezahlen musste, im dunklen Gefühl ihres Rechtes sich an die Regierung gewandt: und von jeher haben diese die Klage nicht abgewiesen, als für sie nicht gehörig, sondern Rath geschallt, so gut sie es vermochten, im dunklen Gefühl ihrer Pflicht, und in der klaren Aussicht auf die Gefahren eines Aufruhrs von Volkshaufen, denen die äusserste Noth nichts übrig lässt, das sie noch zu schonen hätten.

Ebensowenig wird durch die beschriebenen unvollständigen Maassregeln, in denen keine Berechnung der auf den Markt zu bringenden Waare gegen das Bedürfniss der Käufer, und keine Festsetzung der Preise stattfindet, der oben beschriebene Krieg der Käufer und Verkäufer gegen einander aufgehoben.

Also, alle Nachtheile eines durchaus freien Handels bleiben bei jener halben und unvollständigen Beschränkung desselben nach wie vor. Dagegen werden durch die letztere neue Nachtheile herbeigeführt.

Durch Verbote ausländischer Waaren oder durch Auflagen darauf werden die bisherigen Preise dieser Waaren nothwendig erhöht, und, was daraus folgt, einem jeden an seinem bisherigen Wohlstande, oder wenigstens an demjenigen, den er ohne jene beschränkenden Gesetze erschwungen haben würde, Abbruch gethan. Nun hat allerdings, der Strenge nach, *und im blossen Vernunftstaate*, kein Mensch Anspruch auf einen höheren Wohlstand, als denjenigen, der aus dem Klima, das er bewohnt, und aus der Cultur der Nation, deren Mitglied er ist, erfolgt; wenn nicht etwas anderes vorhergegangen ist, wodurch man ihm diesen Anspruch gegeben hat. Aber so etwas ist in allen jetzt bestehenden Staaten vorhergegangen. Sie gehen alle seit längerer, oder kürzerer Zeit von einer Verfassung aus, in der der Handel durchaus frei war; jeder Einzelne hatte Anspruch auf alle Vortheile, die ihm seine Kraft in der ungeheueren Handelsrepublik, deren selbstständiges und freies Mitglied er war, gewähren konnte; er ist in dem Genusse dieser Vortheile aufgewachsen, er hat sich an diesen Genuss gewöhnt, weil er auf die lebenslängliche Fortdauer desselben mit gutem Grunde rechnen konnte; seine Regierung, die alles dieses mit ansehe, hat dazu stillegeschwiegen, und durch dieses Stillschweigen jene Fortdauer, soviel an ihr liegen würde, ihm garantirt.

Wäre er durch einen Zusammenfluss von Naturursachen dieser Genüsse beraubt oder sie ihm vertheuert worden, so müsste er es tragen, wie jeden anderen von der willenlosen Natur herrührenden Unfall; aber dass ein freies Wesen mit Freiheit und Besonnenheit ihn derselben beraube, dass seine Regierung ihr stillschweigend gegebenes Wort zurücknehme, ist allerdings eine Verletzung seines Rechts.

Dieses Unrecht, das zwar unvermeidlich ist, und gegen mannigfaltiges anderes Unrecht deckt, dennoch aber der Strenge nach Unrecht bleibt, fühlt dunkel die Nation, wenn sie es auch etwa nicht deutlich aus Gründen entwickeln kann. Sie fühlt sich etwas genommen, auf dessen sicheren Besitz sie schon rechnete. Dazu kommt die allgemeine Unwissenheit des grossen Haufens über die wahren Zwecke, die jede verständige Regierung bei dergleichen Handelsbeschränkungen hat; sie glauben, dass man es ihnen nehme, lediglich um es selbst zu haben, und sich dadurch zu bereichern; um die Staatseinkünfte auf diesem Wege zu vermehren, nachdem man einen anderen gar nicht mehr finde. Daher sind alle Abgaben dieser Art weit verhasster, als jede andere alte und gewohnte, die vom Grundeigenthum erhoben wird; und daher ist das Publicum immer geneigt, jede Vertheuerung der Dinge, die gar mancherlei Gründe haben kann, kurz und gut auf die Abgaben zu schieben.

Es entsteht Hass gegen die Regierung im Herzen des Unterthanen, und mit diesem Hasse ein Krieg gegen sie, der durch List, und zuletzt wohl gar durch offenbare Gewalt geführt wird; es entsteht Schleichhandel, und ein künstliche. System der Defraudation. Der Betrug gegen die Regierung hört in der Neigung des Volks auf ein Vergehen zu seyn, und wird zur erlaubten und rühmlichen Selbstvertheidigung gegen den allgemeinen

Feind. Es wird dem Manne, der diese allgemeine Sitte nicht mitmachen will, unmöglich, sein Gewerbe fortzutreiben.[2]

Gegen diese Feindseligkeiten des Unterthanen greift nun wieder von ihrer Seite die Regierung zu harten und feindseligen Gegenmitteln, die von den erbitterten Unterbeamten noch härter ausgeführt werden. Es gilt kein Wort und keine Versicherung der Unterthanen mehr, welche durch diese Maassregel insgesammt und öffentlich für ein Volk von Betrügern, oder für offenbare Feinde der Regierung erklärt werden. Überall werden Durchsuchungen angewendet; wird der Verrath durch Belohnungen aufgemuntert, wird der List, und den Lügen der Unterthanen neue List und Lüge von Seiten der Beamten entgegengesetzt, wird, da durch alle diese Maassregeln der Unterschleif dennoch nicht aufgehoben wird, der Eine Unglückliche, den man ergreift, mit unverhältnissmässiger Härte bestraft, indess tausend Listigere aller dieser Vorkehrungen spotten. Die Erbitterung steigt; und von nun an sieht man wohl die Schleichhändler in bewaffneten Haufen gegen die Truppen der Regierung, welche die Grenzen decken, zu Felde ziehen, oder abgeschickte Zolloficianten auf dem platten Lande unentdeckt und ungestraft unter den Streichen eines verwilderten Pöbels fallen.

Dazu kommt, dass eine solche Verwaltung der Staatseinkünfte eines Heeres von Oberbeamten und Unterbeamten, und Dienern aller Art bedarf, auf diese Weise der Nationalindustrie, die durch solche Maassregeln befördert werden sollte, von neuem eine Menge von Händen entzieht, und der Regierung dieselben Summen kostet, welche dadurch erspart oder gewonnen werden sollten.[3]

2   Ich kenne eine Gegend in Deutschland, in welcher eine gewisse ausländische Waare, auf der ein starker Impost liegt, allgemein *unter* dem Einkaufspreise mit Hinzufügen des Impostes, verkauft wird. Dieser Preis wird nur dadurch möglich, dass der Impost grösstentheils nicht entrichtet wird Es ist klar, dass ein einzelner Kaufmann, welcher nicht defraudiren wollte, den laufenden Preis nicht würde halten können, und diesen Artikel ganz aufgeben müsste – so verhalt es sich wahrscheinlich in mehreren Gegenden mit mehreren Waaren.

3   Man sagt allgemein – ich kann die Wahrheit des Gerüchts nicht verbürgen, aber zur Erläuterung meines Gedankens ist es auch als Gerücht tauglich, – man sagt von einem gewissen deutschen Staate des zweiten Ranges dass der Ertrag der in ihm eingeführten Accise die Kosten der Verwaltung nicht im mindesten übersteige, und dass man sie lediglich darum beibehalte, um alten Dienern, z.B. Soldaten, durch Anstellung an derselben, eine Pension zu ge-

Kurz, dieses System der unvollständigen Schliessung gegen den ausländischen Handel, ohne genaue Berechnung der in den Handel zu bringenden Waare gegen die Bedürfnisse der Nation, leistet nicht, was es soll, und führt neue Übel herbei.

.

ben. – Wenn dies wäre, sollte sich denn kein schicklicheres und weniger drückendes Mittel finden, diese Pensionirten ihre Pension vom Volke gewinnen zu lassen?

Drittes Buch. Politik.

Wie der Handelsverkehr eines bestehenden Staates in die von der Vernunft geforderte Verfassung zu bringen sey; oder:

Von der Schliessung des Handelsstaates.

Erstes Capitel.

Nähere Bestimmung der Aufgabe dieses Buches.

Wir kennen das Ziel, auf welches in Absicht des Handelsverkehrs die Staaten hinzustreben haben; wir kennen den Punct, in welchem sie in derselben Rücksicht gegenwärtig stehen: es kann nicht schwierig seyn, die Bahn zu finden, und anzugeben, auf welcher sie aus dem letzteren zum ersteren fortzugehen haben.

Es ist für unsere Untersuchung ganz gleichgültig, ob in dem gegebenen Staate Handel und Gewerbe durchaus frei seyen, und unter gar keinen Einschränkungen stehen, oder ob der Staat durch Waarenverbote und andere Beschränkungen des Handels mit dem Auslande unvollkommene Versuche gemacht habe, sich zu schliessen. Diese Versuche liegen überhaupt nicht auf dem Wege, um aus der Handelsanarchie zur vernunftmässigen Einrichtung des Handels zu gelangen; und es bleibt in allen Systemen dieser Art die erste falsche Voraussetzung, welche wir tiefer unten *bestimmt* angeben werden, unangetastet stehen. Jene unvollkommenen Beschränkungen könnten höchstens den Vortheil gewähren, dass sie den Bürger, der mitten im Schoosse der Regelmässigkeit und der Gesetze seine natürliche Handelsfreiheit beizubehalten begehrt, an Beschränkung überhaupt gewöhnten, wenn es bei den von uns anzugebenden Maassregeln einer solchen Angewöhnung und Vorbereitung der Gemüther bedürfte. Mit Einem Worte: was wir sagen werden, gilt ebensowohl für einen Staat, der bisher keine Handelsbeschränkungen gekannt hat, als für einen solchen, der sie gekannt hat, und ist in dem einen ebensowohl ausführbar, als in dem anderen.

Der eigentliche Punct des Überganges von allen gegenwärtigen politischen Systemen über Handel und Gewerbe, welche, so sehr sie in Nebendingen von einander abgehen mögen, dennoch in der Hauptsache übereinstimmen, und für Eines und ebendasselbe System zu nehmen sind, zu

dem, unserer Meinung nach, einzig wahren, und durch die Vernunft geforderten System, ist der: *dass der Staat vor allem Handel des Auslandes
sich gänzlich verschliesse*, und von nun an ebenso einen abgesonderten
Handelskörper bilde, wie er bisher schon einen abgesonderten juridischen
und politischen Körper gebildet hat. Ist nur erst diese Schliessung zu
Stande gebracht, so ergiebt alles übrige sich gar leicht: und die von nun
an zu befolgenden Maassregeln liegen nicht mehr auf dem Gebiete der
Politik, sondern auf dem der reinen Rechtslehre, und sind von uns schon
im ersten Buche aufgestellt. Nur die Lehre von der Schliessung des Handelsstaates ist in dieser Materie Gegenstand der Politik; und nur diese
Lehre haben wir im gegenwärtigen Buche vorzutragen.

Es wäre möglich, dass die einzelnen Bürger sowohl, als der ganze Staat
durch den Umstand, dass sie nicht, wie die Idee eines Vernunftstaates
voraussetzt, ohne vorherige Verhältnisse waren, sondern die ersteren aus
einer grossen Handelsrepublik, als freie Mitglieder derselben, der letztere
aus einem grossen Ganzen, als durch das Ohngefähr abgerissener Theil
hervorgehen, besondere Rechtsansprüche erhielten, welche die Bürger des
Vernunftstaates, und dieser Staat selbst nicht hätten; und welche, vor der
gänzlichen Schliessung des Staates Und der vollkommenen Trennung
desselben von der übrigen bewohnten Welt, vorher gesichert werden
müssten. Es ist nöthig, vor allen Dingen zu untersuchen, ob es dergleichen
aus dem bisherigen Zustande entspringende Rechtsansprüche giebt, und
welches dieselben sind; und wir gehen ohne weiteres an dieses Geschäft.

Zweites Capitel.

Rechtsansprüche des Bürgers, als bisherigen freien Theilnehmers am Welthandel, an den schliessenden Handelsstaat.

Durch seine Arbeit und das Stück Geld, welches er dadurch erwirbt, erhält
der Bürger Anspruch auf alles, was Begünstigung durch die Natur oder
menschliche Kunst in irgend einem Theile der grossen Handelsrepublik
hervorbringen. Dies ist der Zustand, in welchem ihn die Regieruns, die
im Begriffe ist, den Handelsstaat zu schliessen, antrifft. Wenigstens können
wir diesen Zustand als festen Punct, von welchem unsere Untersuchungen
ausgehen, voraussetzen, indem ja doch in allen gegenwärtigen europäischen
Staaten der Handel einmal durchaus frei gewesen, wenn er auch etwa
hinterher unter unvollständige Beschränkungen gebracht worden.

In diesem Zustande zu bleiben, ist das erworbene Recht des Bürgers, denn er hat auch von seiner Seite irgend etwas zu dem Flor dieser grossen Handelsrepublik und zur Belebung es allgemeinen Verkehrs mit beigetragen. Es ist sein vom Staate ihm zugestandenes Recht; denn er hat, wie wir schon oben erinnert, mit stillschweigender Bewilligung des Staates auf die Fortdauer dieses Zustandes gerechnet. Es ist ein Recht, welches ihm nicht ohne seinen grossen Nachtheil verweigert werden kann. Der Strenge nach ist es freilich wahr, dass jeder mit dem Ertrage des Klimas, welches er bewohnt, und der Kunst seiner Mitbürger, unter denen er lebt, sich begnügen solle. Auch würde es jeder ohne Beschwerde und ohne Gelüst des Ausländischen; wenn nicht so viele, vielleicht von der frühesten Jugend an, an das letztere gewöhnt wären. Durch diese Angewöhnung ist es ihnen ein zum Wohlseyn unentbehrliches Bedürfniss geworden; die Regierung hat stillschweigend zugesehen, wie sie sich daran gewöhnten; sie hat ihnen durch dieses Stillschweigen die Gewähr geleistet, dass Sie wenigstens nichts thun werde, um sie dieser Bedürfnisse zu berauben, oder ihnen den Besitz derselben zu erschweren.

Also – der aus der Theilnahme am grossen Welthandel hervorgehende Bürger hat bei Schliessung des Handelsstaates einen rechtlichen Anspruch auf den fortdauernden Genuss alles dessen, was er bisher von den Gittern der grossen europäischen Handelsrepublik an sich zu bringen vermochte, *inwiefern dasselbe in demjenigen Lande, welche, er bewohnt, nur irgend erzeugt, oder verfertigt werden kann.* Was zuvörderst das letztere betrifft, die *Verfertigung*, so lässt sich kein Grund denken, warum nicht, den Besitz des rohen Stoffes vorausgesetzt in jedem Lande alles mögliche sollte fabricirt werden können, und warum irgend ein Volk von Natur so ungelehrig seyn sollte, dass es nicht jede mechanische Kunst bis zur Fertigkeit sich zu eigen machen könnte. Was das erstere anlangt, die *Erzeugung*, so ist allerdings ausgemacht, dass gewisse Producte in gewissen Klimaten nie, oder wenigstens nicht mit Vortheil, und ohne grösseren Nachtheil für die natürlichen Erzeugnisse des Landes, werden angebaut werden können. Wohl aber dürften in jedem nur gemässigten Klima stellvertretende Producte der ausländischen Erzeugnisse sich entdecken und anbauen lassen, wenn nur Mühe und Rosten nicht gescheut werden dürfen.

Also – eine Regierung, die im Begriffe wäre, den Handelsstaat zu schliessen, müsste vorher die inländische Fabrication aller, ihren Bürgern zum Bedürfniss gewordenen, Fabricate, ferner die Erzeugung aller bisher gewöhnlichen, oder zur Verarbeitung durch die Fabriken erforderlichen, ächten oder stellvertretenden Producte, beides in der für das Land nöthigen Quantität, eingeführt und durchgesetzt haben.

Selbst diejenigen Waaren, deren Erzeugung oder Verfertigung im Lande unmöglich befunden würde, und welche für die Zukunft aus dem Handel ganz wegfallen sollen, müssten nicht auf einmal, sondern nur nach und nach aus dem Umlauf gebracht werden, so dass von denselben periodisch eine immer kleinere Quantität, und endlich gar nichts mehr ausgegeben würde. Die Bürger wären von dieser Veranstaltung vorher zu unterrichten; und so fiele ihr von der stillschweigenden Einwilligung des Staates abgeleiteter Rechtsanspruch auf den fortdauernden Genuss jener Waaren weg.

Jedoch ist sowohl in Rücksicht der Verpflanzung ausländischer Industrie in das Land, als in Rücksicht der allmähligen Entwöhnung der Nation von Genüssen, die in der Zukunft nicht weiter befriedigt werden sollen, ein Unterschied zu machen, zwischen Bedürfnissen, die wirklich zum Wohlseyn etwas beitragen können, und solchen, die bloss und lediglich auf die Meinung berechnet sind. Es lässt sich sehr wohl denken, dass es einem hart falle, des chinesischen Thees plötzlich zu entbehren, oder im Winter keinen Pelz, im Zimmer kein leichtes Kleid zu haben. Aber es lässt sich nicht einsehen, warum das erstere gerade ein Zobelpelz, oder das letztere von Seide seyn müsse, wenn das Land weder Zobel noch Seide hervorbringt; und noch weniger, was es für ein Unglück seyn würde, wenn an einem Tage alle Stickerei von den Kleidern verschwände, durch welche ja die Kleidung weder wärmer, noch dauerhafter wird.

In Summa: das Verschliessen des Handelsstaates, wovon wir reden, sey keinesweges eine Verzichtleistung und bescheidene Beschränkung auf den engen Kreis der bisherigen Erzeugungen unseres Landes, sondern eine kräftige Zueignung unseres Antheils von dem, was Gutes und Schönes auf der ganzen Oberfläche der Erde ist, insoweit wir es uns zueignen können; unseres uns gebührenden Antheils, indem auch unsere Nation durch ihre Arbeit und ihren Kunstsinn seit Jahrhunderten zu diesem Gemeinbesitze der Menschheit ohne Zweifel beigetragen hat.

Drittes Capitel.

Ansprüche des Staates, als eines selbstständigen Ganzen, bei seiner gänzlichen Trennung von der übrigen Erde.

Gewisse Theile der Oberfläche des Erdbodens, sammt ihren Bewohnern, sind sichtbar von der Natur bestimmt, politische Ganze zu bilden. Ihr Umfang ist durch grosse Flüsse, Meere, unzugängliche Gebirge von der übrigen Erde abgesondert; die Fruchtbarkeit eines Landstriches in diesem Umfange überträgt die Unfruchtbarkeit eines anderen; die natürlichsten und mit dem grössten Vortheile zu gewinnenden Producte des einen gehören zu denselben Producten des anderen, und deuten auf einen durch die Natur selbst geforderten Tausch. Gegen einen Strich fetter Weide ist ein Strich Ackerboden, ein Strich Holzland, u.s.w. Keiner dieser Striche könnte für sich allein bestehen. Vereinigt bringen sie den höchsten Wohlstand ihrer Bewohner hervor. – Diese Andeutungen der Natur, was zusammenbleiben, oder getrennt werden solle, sind es, welche man meint, wenn man in der neueren Politik von *den natürlichen Grenzen* der Reiche redet: eine Rücksicht, die weit wichtiger und ernsthafter zu nehmen ist, als man sie gemeiniglich nimmt. Auch ist dabei gar nicht lediglich auf militairisch gedeckte und feste Grenzen, sondern noch weit mehr auf productive Selbstständigkeit und Selbstgenügsamkeit zu sehen.

Da die Stücke, in welche die moderne europäische Republik sich zertheilt hat, nicht mit Überlegung und nach Begriffen, sondern durch das blinde Ohngefähr bestimmt worden, so würde sich, auch wenn man historisch hierüber nichts wüsste, schon aus der Natur der Sache vermuthen lassen, dass die entstandenen Staaten ihre natürlichen Grenzen nicht erhalten haben dürften, sondern dass hier in dem Umfange, den die Natur zu Einem Staate bestimmte, zwei Herrscher-Familien neben einander jede ihren Staat zu bilden strebe, dort eine andere mit ihren Besitzungen über abgetrennte und geschiedene Grenzen sich ausdehne.

Was hieraus erfolgen werde, lässt sich ebenso gut absehen. Die Regierungen werden dunkel fühlen, dass ihnen etwas fehle, wenn sie auch etwa nicht deutlich einsehen, was dieses fehlende eigentlich sey. Sie werden von der Nothwendigkeit sich zu *arrondiren* reden; werden betheuern, dass sie um ihrer übrigen Länder willen diese fruchtbare Provinz, diese Berg- oder Salzwerke nicht missen können, indem sie dabei immer dunkel auf die Erwerbung ihrer natürlichen Grenze ausgehen. Blinde und unbestimmte, oder auch wohl hellsehende und sehr bestimmte Eroberungssucht wird alle treiben; und so werden sie sich unaufhörlich im Zustande des mittelbaren oder unmittelbaren, des wirklich erklärten oder sich nur vorbereitenden Krieges befinden. Staaten, welche eigentlich nur Einer seyn sollten, und ganz oder zum Theile innerhalb derselben natürlichen Grenzen liegen, stehen in natürlichem Kriege; nicht eigentlich die Völker; – denn diesen, wenn sie nur vereinigt werden, kann es ganz gleichgültig seyn, unter welchem Namen und welcher Herrscher-Familie dies geschehe, – wohl aber die Herrscher-Familien. Diese haben ein durchaus entgegengesetztes Interesse, welches, den Völkern mitgetheilt, Nationalhass wird.[4] Im Gegentheil sind Staaten, welche untereinander keinen natürlichen Grenzstreit, aber, jeder von seiner Seite, Anforderungen an Einen und ebendenselben anderen Staat haben, natürliche Alliirte. So erfolgt nothwendig ein Zustand, in welchem der Friede nur darum geschlossen wird, damit man wiederum Krieg anfangen könne.

48

Es ist von jeher das Privilegium der Philosophen gewesen, über die Kriege zu seufzen. Der Verfasser liebt sie nicht mehr, als irgend ein anderer; aber er glaubt die Unvermeidlichkeit derselben bei der gegenwärtigen Lage der Dinge einzusehen, und hält es für unzweckmässig, über das Unvermeidliche zu klagen. Soll der Krieg aufgehoben werden, so muss der Grund der Kriege aufgehoben werden. Jeder Staat muss erhalten, was

---

4   So ist es, – dass ich als deutscher Schriftsteller ein Beispiel vom Auslande anführe, und die näher liegenden vermeide – es ist seit den ältesten Zeiten dunkel gefühlt worden, dass ein Inselstaat (besonders so lange die übrigen Reiche ihre natürlichen Grenzen noch nicht haben, und noch von einem Gleichgewichte der Macht zwischen ihnen die Rede ist) eigentlich kein selbstständiges Ganzes ist; dass ein solches festen Fuss auf dem Continente haben, und die Inseln nur als Anhang betrachten müsse: dass also z.B. die britischen Inseln eigentlich zum festen Lande Frankreiche gehören. Es war hiebei nur der Streit, ob der Beherrscher des festen Landes solche Herrschaft über die Inseln, oder der mächtigere Herrscher auf den Inseln die seinige über das feste Land ausdehnen solle. Beides, ist versucht worden Französische Prinzen haben England, englische Könige Frankreichs sich bemächtigt, und noch bis jetzt führen die letzteren ihren Anspruch wenigstens durch den Titel fort. Dazu kam in den neueren Zeiten ein anderes nicht ganz so natürliches Streben nach dem Übergewichte im Welthandel, und das gleichfalls unnatürliche Colonial-System beider Reiche. Daher Kriege von den ältesten Zeiten bis auf diesen lag. Daher ein Nationalhass beider Völker, der nur um so heftiger ist, da beide bestimmt waren, Eins zu seyn.

er durch Krieg zu erhalten beabsichtigt, und vernünftigerweise allein beabsichtigen kann, seine natürlichen Grenzen. Von nun an hat er an keinen anderen Staat ferner etwas zu suchen; denn er besitzt, was er suchte. Keiner hat an ihn etwas zu suchen; denn er ist über seine natürliche Grenze nicht hinaus und in die Grenze eines anderen eingerückt.

Ein Staat, der im Begriffe ist, sich als Handelsstaat zu verschliessen, muss vorher in diese seine natürlichen Grenzen, – nachdem es kommt, entweder vorrücken, oder sich einschränken. Theils bedarf er, um die im vorigen Capitel dargelegten Anforderungen seiner Bürger zu befriedigen, ein ausgedehntes Land, das ein vollständiges und geschlossenes System der nothwendigen Production in sich enthalte. Theils können und sollen unter der Herrschaft der allgemeinen Ordnung, und bei dem festen inneren Wohlstande, die Bürger nicht mehr durch jenes Heer von Abgaben gedrückt werden, welches die grossen stehenden Heere, und die stete Bereitschaft zum Kriege erfordert. Endlich verliert, wie sich dies tiefer unten erst recht deutlich ergeben wird, ein sich schliessender Staat alles Vermögen, noch kräftig auf das Ausland zu wirken. Was er nicht vor dem Schlusse thut, wird er nach demselben nicht mehr thun können. Hat er im Umfange seiner natürlichen Grenzen noch Fremde geduldet, so werden diese späterhin ungestraft um sich greifen, und ihn gänzlich vertreiben. Hat er im Gegentheil etwas über seine eigene wahre Grenze hinausliegendes beibehalten, so wird er es späterhin gegen die Angriffe des natürlichen Eigenthümers doch nicht behaupten können, und diesen reizen, weiter um sich zu greifen.

Ein solcher Staat muss seinen Nachbarn die Garantie geben und geben können, dass er von nun an auf keine Weise sich vergrössern werde. Diese Garantie aber vermag er nur auf die Bedingung zu geben, dass er sich zugleich als Handelsstaat schliesse. Schliessung des Gebiets, Schliessung des Handelsverkehrs greifen gegenseitig ein in einander, und erfordern eines das andere. Ein Staat, der das gewöhnliche Handelssystem befolgt und ein Übergewicht im Welthandel beabsichtigt, behält ein fortdauerndes Interesse sich sogar über seine natürlichen Grenzen hinaus zu vergrössern, um dadurch seinen Handel, und vermittelst desselben seinen Reichthum zu vermehren; diesen hinwiederum zu neuen Eroberungen anzuwenden – die letzteren abermals so, wie die vorherigen. Einem dieser Übel folgt immer das andere auf dem Fusse: und die Gier eines solchen Staates kennt keine Grenzen. Seinem Worte können die Nachbarn nie glauben, weil er ein Interesse behält, dasselbe zu brechen. Dem geschlossenen Handelsstaate hingegen kann aus einer Vergrösserung über seine natürliche Grenze hinaus nicht der mindeste Vortheil erwachsen; denn die ganze Verfassung desselben ist nur auf den gegebenen Umfang berechnet.

Viertes Capitel.

Entscheidende Maassregel, um die Schliessung des Handelsstaates, und alle soeben aufgestellten Bedingungen dieser Schliessung zu erreichen.

Lassen wir gegenwärtig die in den beiden vorhergehenden Capiteln aufgestellten Zwecke zur Seite liegen, bis wir von selbst auf das Mittel ihrer Erreichung stossen, und denken uns wieder ganz einfach die oben aufgestellte Aufgabe der Verschliessung des Handelsstaates.

Aller unmittelbare Verkehr des Bürgers mit irgend einem Ausländer soll durchaus aufgehoben werden: dies ist die Forderung. Durchaus aufgehoben ist nur dasjenige, was unmöglich gemacht worden ist. Der unmittelbare Verkehr des Bürgers mit irgend einem Ausländer müsste unmöglich gemacht werden.

Alle Möglichkeit des Welthandels beruht auf dem Besitze des in aller Welt geltenden Tauschmittels, und auf der Brauchbarkeit desselben für uns. Wer dasjenige Zeichen des Werthes, welches der Ausländer annimmt, Gold- oder Silbergeld gar nicht hat, an den verkauft der Ausländer nichts. Für wen dasjenige Geld, das ihm der Ausländer geben kann, von keinem Werthe ist, der kann an denselben nichts verkaufen. Ein Handel vermittelst des Geldes ist von nun an zwischen beiden nicht mehr möglich. Es bliebe nur noch der Tausch von Waare gegen Waare übrig. Dieser würde schon um seiner Unbequemlichkeit willen nicht sehr überhand nehmen; der Staat könnte leichter über ihn wachen, und einschliessender Staat hat, wie wir tiefer unten sehen werden, die unfehlbarsten Mittel, alles Bedürfniss und alles Gelüst desselben aufzuheben.

Sonach wäre die Lösung unserer Aufgabe folgende: *Alles in den Händen der Bürger befindliche Weltgeld, d.h. alles Gold und Silber, wäre ausser Umlauf zu bringen, und gegen ein neues Landesgeld, d.h. welches nur im Lande gälte, in ihm aber ausschliessend gälte, umzusetzen.*

Die Gültigkeit, und zwar die alleinige und ausschliessende Gültigkeit wäre dem neuen Landesgelde dadurch zu verschaffen und zuzusichern, dass die Regierung, – an welche schon vermittelst der Auflagen die höchsten Zahlungen geschehen, und welche noch überdies bei Einführung des neuen Landesgeldes durch eine künstliche Vorkehrung sich vorübergehend zu dem grössten, und beinahe einigen Verkäufer machen könnte. – allein in diesem Gelde Zahlungen annähme.

Es ist klar, dass die Regierung es seyn müsste, welche dieses Geld verfertigte, es ausgäbe, ihm durch die Ankündigung, dass dies von nun an das einzige Tauschmittel seyn solle, und dass sie allein dieses bei ihren Kassen annehmen werde, allgemeine Gültigkeit verschaffte; dass diese in besonders errichteten Wechselkassen das neue Geld gegen Gold und Silber, fürs erste zu gleichem Werthe nach Verlauf einiger Zeit mit Verlust am Gold oder Silber, verwechseln müsste. – Warum besondere Wechselkassen errichtet, und bei directen Zahlungen Gold oder Silber durchaus nicht angenommen werden solle, da es doch zuletzt dieselbe Regierung ist, welche dort das neue Geld erst hergeben muss, das sie hier nimmt, dort Gold und Silber allerdings annimmt, welches sie hier zurückweist, leuchtet von selbst ein. Es soll gar nicht von dem guten Willen der Unterthanen abhängen, ob sie das neue Landesgeld sich auf der Stelle anschaffen, und ihr Gold und Silber dagegen vertauschen wollen, oder nicht; sie sollen zum Tausche genöthigt seyn.

Über den Stoff, aus welchem dieses neue Geld zu verfertigen wäre, sage ich hier nur so viel. Um der Einbildungskraft des Volkes keinen Anstoss zu geben, muss dieser Stoff vorher gar nicht in irgend einer Beziehung bekannt gewesen seyn, sondern erst jetzt durch das neue Gold bekannt werden; auch von nun an zu nichts anderem ausser zu Gelde gebraucht werden. Er ist Geldstoff, und nichts als Geldstoff: mehr braucht das Volk nicht zu wissen. Denn man bedenke, dass das im Umlaufe befindliche Gold und Silber dagegen eingewechselt, und in die Hände der Regierung gebracht werden soll. Ist nun etwa Papier, oder Leder, oder irgend ein schon vorher bekanntes, und seinen bestimmten inneren Werth habendes Materiale zu Gelde gemacht worden, so sagt das undenkende Publicum: wie kann denn dieses Stückchen Papier oder Leder mein gutes Geld werth seyn, und wie kann man mir anmuthen, das letztere für das erstere hinzugeben?

Allerdings ist kein richtiger Sinn in diesen Worten; denn das Stück Silber ist mir an sich ebensowenig werth, als dies durch den Staat so bezeichnete Papier; aber der Scheffel Korn, dessen ich bedarf, ist mir etwas werth, und diesen werde ich von nun an nicht mehr für das Stück Silber, wohl aber für das Stück Papier erhalten. Auch würde, wenn sich die Sache umgekehrt zutrüge, so dass bisher nur Papiergeld im Umlaufe gewesen, Gold aber und Silber nur als Waare nach seiner inneren Brauchbarkeit geschätzt worden wäre, jetzt aber das letztere als Geld eingeführt, und das bisherige Papiergeld dagegen eingewechselt würde, dasselbe Publicum sagen: wie kann denn dieses Stückchen Silber mein; gutes Papier werth seyn? Aber dieses Publicum hat sich nun einmal gewöhnt, Gold und Silber so hoch zu schätzen. Diese Gewohnheit ist zu schonen, und es muss derselben durch keine schon vorhandene geringere Schätzung des neuen Geldstoffs Gewalt angethan werden. Das Publicum weiss nun überhaupt nichts von diesem Stoffe, also auch nicht was er werth ist. Die Regierung sagt ihm: soviel ist er werth, und es hat nichts weiter zu thun, als ihr ebensowohl zu glauben, wie es bisher der allgemeinen Meinung über den Werth des Goldes und Silbers geglaubt hat. Es wird sich denn auch wirklich in der Erfahrung so finden, dass ein gewisses Stück dieses Stoffes einen Scheffel Korn u. dgl. werth sey, d.h. dass man ihn dafür erhalte. 486

Das neue Geld soll sich vielmehr der Einbildungskraft empfehlen: es sollte daher schön in die Augen fallen. Was glänzt und schimmert, davon glaubt man um so eher, dass es grossen Werth habe.

Die Verfertigung dieses Geldes muss der Regierung so wenig als möglich vom bisherigen Weltgelde kosten, weil sie des letzteren für andere Zwecke ausserhalb des Landes bedarf, von welchen tiefer unten. Das neue Geld muss so wenig als möglich wahren inneren Werth haben, indem alles wirklich brauchbare soviel möglich als Sache, und keinesweges als blosses Zeichen gebraucht werden soll.

Das neue Geld muss aus oben angeführten Gründen durch keinen anderen Menschen, noch irgend eine andere Regierung nachgemacht werden können. Jede mögliche Form, – beim Gelde alles, was zum Gepräge gehört, – kann nachgemacht werden; das Unnachahmliche müsste sonach im Stoffe liegen. Dieser müsste, eben damit er nicht nachgeahmt werden könnte, weder durch die Kunst zerlegt, noch durch Probiren getroffen, noch durch Erzählung verrathen werden können. Irgend ein wesentlicher Bestandtheil der Zusammensetzung müsste ein Staatsgeheimniss seyn: in einem monarchischen Staate nur der regierenden Familie bekannt. – Hieraus ist klar, warum ich über diesen Punct mich nicht deutlicher herauslassen kann; gesetzt auch, dass die Art und Weise seiner Ausführung mir bekannt wäre.

Die Regierung muss für ewige Zeiten diesem von ihr ausgegebenen Gelde seinen Werth, d.h. denjenigen Werth gegen Waare, den es zur Zeit der Einführung erhält, versichern. Mit der Einführung des Landesgeldes muss daher eine, nach den oben (B. 1. C. 1. und C. 6.) aufgestellten Grundsätzen sich richtende Festsetzung der Waarenpreise eingeführt werden, über welche fortdauernd zu halten ist.

Die Regierung thut für ewige Zeiten feierlich Verzicht, willkürlich und für ihren Vortheil, d.h. so, dass sie ein Aequivalent dagegen nehme, Besoldungen damit bezahle, oder irgend eine ihrer Ausgaben dadurch bestreite, die Masse des circulirenden Landesgeldes zu vermehren. Die öffentlichen Ausgaben bestreitet sie von den aus der wirklichen Circulation herausgehobenen und in dieselbe wieder hineinzubringenden, festgesetzten jährlichen Auflagen. Bei jeder Veränderung des Verhältnisses des Geldes zur Waare, jeder Erniedrigung der Preise (der Fall der Erhöhung kann nie eintreten), jeder Vermehrung des circulirenden Geldes, hat sie sich streng an die B. 1. Cap. 6. aufgestellten Grundsätze zu binden. Dieses, sowie alles B. 1. Cap. 3, 4, 5, 6, aufgestellte werden Grundgesetze des Staates, auf welche z.B. in einer Monarchie der Monarch sich für sich selbst und alle seine Nachkommen unwiderruflich verbindet; eine Verbindlichkeit, welche jeder bei seiner Gelangung zum Throne erneuert. Am schicklichsten dürfte es seyn, dass mit der Einführungsacte des neuen Geldes zugleich eine gemeinschaftliche und offene Belehrung über das neue Verwaltungssystem, mit der Übernehmung der erwähnten Verbindlichkeit und der Anführung ihrer wahren Gründe von der Regierung an die Nation ergienge.

Es ist aus dem Gesagten klar, dass das hier aufgestellte System, wenn es zur wirklichen Ausführung kommen sollte, in allen seinen Theilen angenommen oder verworfen werden müsste; und dass keine Regierung etwa bloss die beschriebene Geldoperation, als ein bequemes Mittel sich zu bereichern, vornehmen, dagegen die Verschliessung des Handelsstaates, die Regulirung des öffentlichen Verkehrs, die Festsetzung der Preise, die Garantie des Zustandes aller, als beschwerliche Geschäfte unterlassen, auch sich vorbehalten dürfe, bei der ersten Gelegenheit, da sie wieder Geld brauchen wird, nach Willkür welches zu machen, und es in Umlauf zu setzen. Durch ein solches Verfahren würde eine Unsicherheit des Eigenthums und eine ungeheure Unordnung entstehen, durch welche das Volk gar bald zur Verzweiflung und zur Empörung gegen die durchaus unrechtliche Regierung gebracht werden würde.

Ein nach den aufgestellten Grundsätzen durchaus eingerichteter Staat kann in die Lage, dass er der willkürlichen Vermehrung der circulirenden

Geldmasse, als eines Bereicherungsmittels bedürfte, oder darnach auch nur gelüstete, gar nicht kommen, wie wir tiefer unten noch deutlicher ersehen werden.

Der eigentliche Act der Promulgation und Einführung des neuen Geldes und der Einziehung des Goldes und Silbers dagegen, bedarf einiger künstlichen Vorkehrungen nothwendig; und könnte durch einige andere wenigstens sehr erleichtert werden. Über den eigentlichen Plan dieser Einführung und die nothwendige Folge der einzelnen Schritte zum Ziele lege ich mir vor dem Publicum billig Stillschweigen auf; und erinnere nur soviel, dass vor der Ausführung vorher mit dem Volke gar nicht berathschlagt, und dieselbe nicht angekündigt werden müsse, welches mir Zweifel, Bedenklichkeiten und Mistrauen erregen würde, die am schicklichsten durch den sichtbar guten Erfolg gehoben werden. Die eigentliche Einführung ist durchaus Ein Schlag, dessen Wirksamkeit freilich durch vorbereitende Anstalten, die man auf jeden anderen Zweck ebensowohl beziehen kann, erleichtert ist. Es bedarf hiebei keiner Strenge, keines Verbots, keines Strafgesetzes, sondern nur einer sehr leichten und sehr natürlichen Vorkehrung, durch welche *in Einem Augenblicke alles Silber und Gold dem Publicum zu jedem anderen Zwecke ausser zum Einwechseln des neuen Landesgeldes durchaus unbrauchbar; das neue Landesgeld aber ihm sogar zum Leben durchaus unentbehrlich werde.*

Fünftes Capitel.

Fortsetzung der vorhergegangenen Betrachtung.

Die Behauptung, dass ein Staat, der es wagt, sich ausser allen Verkehr mit dem Auslande zu setzen, keines Silbers und Goldes bedürfe, und dass ein solcher Staat zum allgemeinen Zeichen alles Werthes machen könne, was er nur irgend wolle, scheint mir so klar, und so nahe vor jedermans Füssen zu liegen, dass ich mir nicht getraue zu glauben, dass ich daran etwas paradoxes und befremdendes gesagt habe. Da ich jedoch weiss, dass die Menschen gewöhnlich gerade dasjenige, was am nächsten vor den Füssen liegt, zuletzt entdecken; da ich ferner weiss, dass einige Köpfe so organisirt sind, dass in ihnen Folgesätze, die doch eigentlich nur auf der Wurzel ihrer Vordersätze ruhen sollten, durch die blosse Kraft der Gewohnheit ihre eigenen Wurzeln treiben und fortdauern, nachdem die Vordersätze längst ausgerottet sind: so muss ich doch befürchten, einigen Lesern Anstoss verursacht zu haben. Ich finde für gerathen, für diese noch einige Worte hinzuzuthun; indem ich andere, die in dem vorigen Capitel nichts befremdendes gefunden haben, ersuche, das gegenwärtige zu überschlagen.

Dass in Absicht des Geldes es einem jeden lediglich darauf ankomme, dass dieses Stück Geld von jederman, mit dem er in Handel kommen könnte, zu eben dem Werthe wieder angenommen werde, zu welchem er es erhält, wird hoffentlich keiner meiner Leser in Abrede stellen Nun ist es bei der gegenwärtigen Lage der Dinge möglich, dass wir mit jedem Bewohner der bekannten europäischen Handels-Republik mittelbar oder unmittelbar in Handel, gerathen; darum ist es freilich in dieser Lage der Dinge nöthig, dass wir dasjenige Zeichen des Werthes haben; welches jeder annimmt. Werden wir aber der ersteren Möglichkeit überhoben, so sind wir ohne Zweifel zugleich des daraus folgenden Bedürfnisses überhoben. Wer uns dafür bürgt, dass wir es von nun an in Geldsachen nur mit unserer Regierung und Mit unseren Mitbürgern zu thun haben werden, überhebt uns ohne Zweifel der Sorge, anderes Geld zu haben, als diese annehmen: was der Ausländer annehme, davon ist nicht mehr die Frage, denn mit diesem werde ich nie zu handeln haben. – Habe ich eine Reise nach den Gesellschafts-Inseln zu machen, und weiss vorher, dass man mir dort nur gegen rothe Federn Lebensmittel ablassen wird, so thue ich freilich wohl, mich um rothe Federn zu bewerben. Will ich dahin nicht reisen, was sollen mir die rothen Federn? Ebenso, habe ich Handlung zu treiben, wo nur Gold und Silber gilt, so muss ich freilich das letztere mir verschaffen; habe ich hingegen dort nicht Handlung zu treiben, sondern nur da, wo es nicht gilt, was soll mir Silber und Gold? – Dennoch haben die Regierungen, ohnerachtet mehrere für den auswärtigen Handel sich verschlossen, so gut sie es vermochten, und ihnen nur das leid war, dass sie es nicht noch besser vermochten, sogar ihren eigenen Unterthanen gegenüber sich fortdauernd als freie Mitglieder des grossen Handelsstaates betrachtet, so weit, dass sie sogar dasselbe, was sie noch im laufenden Jahre als Abgabe von ihnen wieder einzunehmen hatten, im Weltgelde zahlten, unter Sorge und Kummer, dass sie dessen nicht mehr hätten; – haben ehemals Fürsten Gold zu machen gesucht, ohne sich zu besinnen, dass sie, ohne wirkliches Gold zu machen, alles, was ihnen unter die Hände käme, statt des Goldes ausgeben könnten.

Diese Art der Befremdung wäre sonach lediglich durch die Angewöhnung an die aufzuhebende Lage der Dinge begründet.

Ein anderer Grund der Furcht könnte aus der Verwechselung des von uns aufgestellten Zeichens des Werthes mit anderen ähnlichen, aber keinesweges gleichen, entstehen: aus der Verwechselung unseres Zeichens mit dem von Zeit zu Zeit beinahe in allen Staaten versuchten Papier- oder Ledergelde, Banknoten, Assignaten, u. dgl. Man wisse ja, dürfte jemand sagen, aus den häufigsten Erfahrungen, wie, ausgenommen unter besonderen, beim schliessenden Staate nicht stattfindenden Bedingungen, diese Art des Geldes gegen Gold und Silber immer zu verlieren und tiefer zu sinken pflege; wie es in manchen Fällen zuletzt allen Werth verloren habe, und die Besitzer desselben um ihr Eigenthum gekommen seyen. – Ich antworte, dass alle diese bisherigen Repräsentationen des Geldes von dem durch mich vorgeschlagenen Gelde durchaus verschieden sind, und dass dasjenige, was von den ersteren gilt, auf das letztere in keiner Weise passt. Jene Geldzeichen circuliren *neben dem baaren Gelde, und mit ihm zugleich.* Die ersteren sind, den seltenen Fall ausgenommen, dass die Nation ein grosses Übergewicht im Welthandel, und fast an das ganze Ausland Schuldforderungen habe, doch nur in einem gewissen Umkreise, meist nur im Lande selbst, gültig; das letztere gilt da, und zugleich in der ganzen Welt. Es ist begreiflich, dass man dasjenige, was für zweierlei Zwecke zu brauchen ist, und wodurch man sich für jedes mögliche Bedürfniss deckt, demjenigen vorziehen werde, das nur auf einerlei Weise brauchbar ist. So nicht in unserem Systeme. Das Landesgeld allein ist im Umlaufe, und *neben ihm kein anderes.* Es kann nicht verlieren gegen etwas, das gar nicht vorbanden ist, und nirgends mit ihm in Vergleichung und Collision kommt. Dann, was aus dem ersteren folgt, jene Geldarten beziehen sich doch immer auf baares Geld! und sollen irgend einmal und auf irgend eine Weise in baarem Gelde *realisirt* werden (so drückt man sich aus). Zwischen ihnen und der Waare liegt immer das baare Geld in der Mitte, und sie sind sonach in der That gar nicht Geld, *unmittelbare, Zeichen der Waare,* sondern nur *Zeichen des Geldes;* nicht Geld in der ersten, sondern nur in der zweiten Potenz, das nun selbst wieder repräsentirt werden kann, dass ein Geld in der dritten Potenz entstehe: und so ins Unendliche fort. So bleibt in allen diesen Systemen die erste falsche Voraussetzung, dass nur Gold und Silber das eigentliche wahre Geld sey, stehen. Von dem allgemeinen Glauben an die Möglichkeit und Leichtigkeit jener Realisation des Zeichengeldes in baarem Gelde hängt nun eben der Credit des ersteren ab. So nicht in unserem Systeme. Hier bezieht das Landesgeld sich auf gar kein anderes, und soll – ausser einem einzigen selten vorkom-

x

x

x

x

x

x

x

x

x

menden, und tiefer unten zu berührenden Falle – in kein anderes umgesetzt werden. Es bezieht sich unmittelbar auf Waare, und wird nur in dieser realisirt; es ist sonach wahres, unmittelbares, einziges Geld. In dem blossen Ausdrucke: »etwas in Gelde realisiren« liegt schon das ganze falsche System. In Gelde lässt sich nichts realisiren, denn das Geld selbst ist nichts reelles. Die Waare ist die wahre Realität, und in ihr wird das Geld realisirt.

92 Nur ein einziger wichtig scheinender Vorwurf könnte unserem Vorschlage gemacht werden; der folgende: Bisher sey das Geld-Eigenthum, die Quelle sowohl als das letzte Resultat alles anderen Eigenthums, von den Regierungen, welche hierüber so gut wie der geringste ihrer Unterthanen unter der allgemeinen Nothwendigkeit gestanden, unabhängig und durch die Übereinstimmung beinahe des ganzen Menschengeschlechts verbürgt gewesen. Es habe in keiner Regierung Gewalt gestanden, zu machen, dass der Thaler, den einer besitzt, weniger gelte, als er nun eben gilt. Durch unser System, nach welchem es in der Gewalt jeder Regierung stehe, soviel Geld zu machen, als sie nur immer wolle, und die Regierenden des Zaums der Nothwendigkeit erledigt würden, werde sogar das Geldeigenthum der Bürger von der unbegrenzten Willkür ihrer Herrscher abhängig. Diese vermögen von nun an dem Geldbesitzer sein Eigenthum sogar aus dem verschlossenen Kasten zu rauben, indem sie durch unbegrenzte Vermehrung der circulirenden Geldmasse den Werth des Geldes gegen Waare ins unbegrenzte verringern. Es sey weder ein menschenfreundliches noch rechtliches Beginnen, die Regierungen auf dieses ihr Vermögen aufmerksam zu machen: und das erspriesslichste, was man wünschen könne, sey, dass alle diese Ideen als unausführbare und sachleere Träume verachten und verlachen, und nie irgend einer sich überzeugen möge, dass allerdings etwas an der Sache sey. – Zwar habe ich hinzugefügt, dass sie willkürliche Vermehrungen des Geldes zu ihrem Vortheil nicht vornehmen sollten, dass sie sich feierlich verbinden sollten, sie nicht vorzunehmen. Aber wer denn denjenigen, der alle Gewalt in den Händen hat, nöthigen könne, auch nur jene Verbindlichkeit zu übernehmen, oder sie zu halten, auch wenn er sie übernommen hätte; wer ihn bewachen könne, ob er sie halte, da er in aller Stille, ohne dass es jemand merkt, die circulirende Masse vermehren könne; wer ihn, wenn er es unmässig thut, und zuletzt der Überfluss allgemein merklich wird, zur Verantwortung ziehen und überweisen werde?

Ich antworte auf dieses alles: Die sicherste Bürgschaft gegen Gesetzwidrigkeiten und Übertretungen aller Art ist die, dass kein Bedürfniss der Übertretung eintrete, dass dieselbe dem Übertreter keinen Vortheil bringe, 493 dass sie ihm sogar sicheren Schaden und Nachtheil veranlasse. Ob eine willkürliche Vermehrung der circulirenden Geldmasse durch eine Regierung, die das aufgestellte System angenommen hätte, zu befürchten sey, hängt von der Beantwortung der Frage ab, ob in einer Verfassung, wie sie nach Einführung eines Landesgeldes und der völligen Schliessung des Handelsstaates nothwendig eintritt, irgend ein Fall vorkommen könne, in welchem die Regierung einer solchen Vermehrung bedürfe, in welchem sie Vortheile von ihr ziehe, in welcher sie etwas anderes, als Schaden und Nachtheil von ihr zu erwarten habe. Und diese Frage wird im Fortgange unserer Untersuchung sich von selbst beantworten.

Sechstes Capitel.

Weitere Maassregeln zur Schliessung des Handelsstaates.

Durch die beschriebene Maassregel kommt die Regierung in den Besitz alles Weltgeldes, welches bisher im Lande im Umlaufe war. In diesem ihrem Lande bedarf sie von nun an desselben nicht weiter; sie giebt an keinen, der in diesem Lande lebt, das mindeste davon aus. Sie kann daher dasselbe nur noch gegen das Ausland benutzen, und wird, im Inneren gedeckt und sich selbst durchaus genügend, – gegen dieses eine beträchtliche und überwiegende Geldmacht. Sie bediene sich dieser Macht schnell, so lange sie noch Macht bleibt, um die oben (C. 2 u. 3) aufgestellten Zwecke zu erreichen, und der Nation ihren Antheil an allem Guten und Schönen auf der ganzen Oberfläche der grossen Handelsrepublik kräftig zuzueignen.

Man sieht, dass ich voraussetze, das Land sey noch nicht durchaus 494 verarmt und vom Weltgelde entblösst. Je mehr dessen noch im Umlaufe ist, desto besser. Ein völlig verarmter Staat ist freilich, um nur noch irgend ein Tauschmittel zu haben, genöthigt, ein Landesgeld, etwa Papier, einzuführen; bei welchem er vielleicht, abermals irrig, und zu seinem eigenen Nachtheile, auf Weltgeld hinweist, als ob er sich dieses einmal wieder verschaffen, und sein Papier damit einlösen wolle. Er wird eben dadurch sich auch von selbst schliessen, indem zwischen ihm und dem Auslande ein ausgebreiteter Handel kaum noch möglich ist. Aber sein Schliessen ist keine Zueignung der Vortheile anderer Länder, sondern ein nothgedrungenes Bescheiden auf seine eigene Armuth. Ihn leitet und treibt die tägliche Noth; bei ihm macht sich alles von selbst, wie es kann. Unserer Regeln bedarf er nicht, und an ihn ist unsere Rede nicht gerichtet.

Ich stelle nach der Reihe die Maassregeln auf, die ein Staat, in welchem noch baares Geld ist, und welcher nicht aus Noth, sondern aus Weisheit ein Landesgeld einführt, zu nehmen hat.

I.

Mit demselben Einen Schlage, durch den er das neue Landesgeld einführt, bemächtige er sich des ganzen Activ- und Passivhandels mit dem Auslande. Dieses geschieht so: Unmittelbar vor der Promulgation des neuen Landesgeldes kauft die Regierung alle im Lande vorhandene ausländische Waare auf, durch ihre, in versiegelten, durch das ganze Land an demselben bestimmten Tage erst zu eröffnenden Befehlen dazu verordnete Beamte. Die Absicht dieses Aufkaufs ist theils, um den vorhandenen Vorrath, sowie das gegenwärtige Bedürfniss dieser Waaren genau zu erfahren, theils, um sich der Gesetzgebung über die Preise derselben zu bemächtigen. – Die Waare bleibt begreiflicherweise liegen, da wo sie liegt, und wird verkauft durch dieselben, durch welche sie ohnedies verkauft worden wäre; nur von nun an nicht mehr auf Rechnung des vorigen Besitzers, sondern auf Rechnung der Regierung, d.h. um diejenigen Preise, welche die Regierung zufolge ihrer ferneren Zwecke auf jede setzt. Z.B. die Preise der Waaren, welche hinführo ganz wegfallen sollen, können erhöht, und von Zeit zu Zeit noch mehr erhöht, andere herabgesetzt werden. Die Regierung berechnet sich mit dem Kaufmanne, und ersetzt ihm den durch ihre Preisbestimmung verursachten Verlust, oder zieht den durch dieselbe Preisbestimmung veranlassten Gewinn, unmittelbar nach Promulgation des Landesgeldes, in diesem Gelde.

Die Richtigkeit der Angaben dieser ausländischen Waarenvorräthe, an welcher dem Staate sehr viel liegt, werden allenfalls durch Visitation – die allerletzte, welche von nun an nöthig seyn wird, – und durch Androhung schwerer Bestrafung unrichtiger Angaben, erzwungen.

Zugleich mit der Geldacte im Lande erscheint ein Manifest der Regierung durch das ganze Ausland, in welchem alle Ausländer aufgefordert werden, die Geldgeschäfte, die sie mit irgend einem Bewohner des zu schliessenden Staates haben, binnen einer gewissen Zeit bei der Regierung anzubringen, und mit dieser abzuthun; bei Strafe des Verlustes ihrer Anforderungen: ebenso sind die Inländer aufgefordert, alle ihre Anforderungen an irgend einen Ausländer der Regierung zu übergeben, und sie durch diese abthun zu lassen. Ferner werden die Ausländer gewarnt, vom Tage der Erscheinung dieses Manifestes an, mit keinem Bewohner des zu schliessenden Staates unmittelbar, ohne ausdrückliche Erlaubniss und Dazwischenkunft der Regierung, sich in Handelsgeschäfte einzulassen; indem die letztere sie mit allen auf diese Weise entstandenen Schuldforderungen durchaus abweisen werde. – Die Regierung tritt gegen den Ausländer für das vergangene ganz in die Verbindlichkeit des Privatmannes ein, mit welchem der erstere contrahirte; leistet und lässt sich leisten, alles was ihm oder von ihm geleistet werden sollte. Inwiefern etwa der Privatmann insolvent seyn sollte, ist der Strenge nach die Regierung freilich nicht verbunden, seine Verbindlichkeit zu erfüllten, indem ja der Ausländer es ursprünglich nur mit dem Privatmanne zu thun hatte, diesem, keinesweges aber der Regierung, creditirte, von diesem nicht würde bezahlt worden seyn, und kein Recht hat, von der für ihn ganz zufälligen Dazwischenkunft der Regierung Vortheile zu ziehen. Es ist ihr zu überlassen, was sie für die Ehre der Nation thun wolle; besonders da sie durch die Befriedigung des Ausländers, obgleich dieselbe ihr nicht ersetzt wird, wenig verliert, und die wenigen Fälle dieser Art, die da eintreten könnten, gegen ihre übrigen Geschäfte höchst geringfügig sind.

49

Die Regierung zahlt oder zieht, in dieser Berichtigung, vom Ausländer *Weltgeld*; zahlt an den Bürger, oder zieht von ihm statt desselben *Landesgeld*.

Ein anderes wichtiges Geschäft: der Betrag des vorläufig mit dem Auslande noch zu treibenden Handels wird festgesetzt, d.h. es wird bestimmt, welche Arten von Waare, welches Quantum derselben für jedes Jahr, und auf wie lange überhaupt noch, wieviel davon auf jeden District, und für jedes Handelshaus, noch aus dem Auslande gebracht, oder in dasselbe ausgeführt werden solle. Diesen Handel treibt von nun an nicht mehr die Privatperson, sondern der Staat. Mag zwar der Kaufmann, der seine Correspondenten im Auslande hat, und die Quellen seiner Waaren am besten kennt, nach wie vor die ihm nach dem soeben erwähnten Überschlage zu verstattende ausländische Waare verschreiben; aber seiner Verschreibung muss die Approbation der Regierung etwa durch ein besonderes, für diesen Zweck zu errichtendes Handelscollegium beigefügt seyn, und der Ausländer wisse, durch das oben erwähnte Manifest, dass er nur unter Bedingung dieser Approbation, und durch sie, eine rechtliche Anforderung auf die Bezahlung erhält. Der Ausländer zieht seine Bezahlung in Weltgelde von der Regierung, sobald die Waare abgeliefert ist; der Inländer bezahlt sie an die Regierung in Landesgelde, gleichfalls, sobald sie abgeliefert ist: denn die Regierung giebt keinen Credit, und alle Handelsschwindeleien, welche ohnedies gegen eine wohlgeordnete Staatswirthschaft laufen, sollen mit der Schliessung des Staates zugleich ihre Endschaft erreichen.

97 Wie viel oder wie wenig die Regierung an den Ausländer für die Waare zahle, – der Inländer bezahlt sie nicht nach Maassgabe dieses Preises, sondern nach Maassgabe desjenigen, um welchen er nach dem Gesetze im Lande verkaufen muss, mit Rücksicht auf seinen eigenen billigen Unterhalt, während er sie verkauft. Auf ihre Bereicherung muss hiebei die Regierung gar nicht denken, sondern ihre höheren Zwecke stets im Auge behalten: Waaren, die hinführo ganz wegfallen sollen, periodisch vertheuern, solche, in Rücksicht welcher die Unterthanen in Versuchung kommen könnten, sie durch Schleichhandel unmittelbar aus dem benachbarten Auslande zu ziehen, sogar wohlfeiler verkaufen lassen, als irgend jemand sie im Auslande haben kann. Sie verliert dabei nichts, als ein Stückchen ihres mit leichter Mühe zu machenden Geldes, und könnte nichts gewinnen, als eben ein solches Stückchen Geld.

Ebenso mit der in das Ausland noch auszuführenden inländischen Waare. Mag doch der ausländische Kaufmann, der die Quellen der Waare im Inlande kennt, nach wie vor unmittelbar von seinem bisherigen Correspondenten verschreiben; nur wisse er, dass er diese Verschreibung zunächst an das oben erwähnte Handelscollegium zu senden, und eine Anweisung auf die Bezahlung im Weltgelde beizulegen habe. Erst von diesem Collegium aus, und mit dessen Bewilligung versehen, geht sie an das inländische Handelshaus, welches letztere, nach Ablieferung der Waare in den Seehafen oder die Grenzhandelsstadt, die Bezahlung derselben von der Regierung in Landesgelde erhält. Wie theuer oder wie wohlfeil die Regierung diese Waare vom Ausländer bezahlt bekomme; der Inländer erhält von ihr den durch das Gesetz bestimmten Landespreis. – Um über diese Gesetze wegen der Ausfuhr halten zu können, würde freilich eine strenge Aufsicht in den Seehäfen und Grenzstädten nöthig seyn, welche nichts aus dem Lande gehen liesse, für dessen Ausfuhr nicht die Bewilligung des Handelscollegiums vorgewiesen würde: eine Maassregel, welche die Nation sich um so eher gefallen lassen könnte, da sie jetzt zum letztenmale angewendet wird, und der Zustand, der sie nothwendig macht, nur vorübergehend ist.

II.

Die Absicht, um welcher willen die Regierung sich des Handels mit dem Auslande bemächtigte, war die, um diesen Handel periodisch zu vermindern, und ihn nach einer bestimmten Zeit ganz aufhören zu lassen. Sie muss sonach solche Maassregeln nehmen, dass dieser Zweck sicher und bald erreicht werde. Sie muss planmässig zum Ziele fortschreiten, und keinen Zeitpunct ohne Gewinn für ihren Zweck verstreichen lassen.

Mit jedem Jahre muss die Einfuhr aus dem Auslande sich vermindern. Von denjenigen Waaren, welche weder ächt, noch in einer stellvertretenden Waare im Lande hervorgebracht werden können, bedarf das Publicum von Jahr zu Jahre weniger, da es sich ja derselben ganz entwöhnen soll, auch zu dieser Entwöhnung durch die immer steigenden Preise derselben thätig angehalten wird. Die Einfuhr und der Gebrauch solcher Waaren, die nur auf die Meinung berechnet sind, kann sogar auf der Stelle verboten werden. Ebenso vermindert sich das Bedürfniss solcher Waaren aus dem Auslande, welche selbst, oder deren stellvertretende hinführo im Lande hervorgebracht werden sollen; indem ja die inländische Production und Fabrication planmässig und durch Berechnung geleitet, und nicht mehr dem blinden Zufalle überlassen, immerfort steigt, sonach das ausländische durch inländisches ersetzt wird.

Ebenso vermindere sich die Ausfuhr. Zuvörderst die der Producte, wenn bisher welche ausgeführt wurden; indem ja fortdauernd die Anzahl der Fabricanten, die dieselben im Lande verarbeiten, oder verzehren, zunimmt, auch die Production auf neue Producte, als stellvertretende der abzuschaffenden ausländischen gelenkt wird. Ebenso die der Fabricate, denn die Regierung vermindert planmässig diejenigen Fabriken, welche auf den Absatz in das Ausland berechnet waren, und widmet die Hände, die bisher für den Fremden arbeiteten, auf eine schickliche Weise Arbeiten für den Inländer. Sie geht ja nicht darauf aus, um ein Handelsübergewicht zu erhalten, welches eine sehr gefährliche Tendenz ist, sondern um die Nation ganz unabhängig und selbstständig zu machen.

III.

Um diese Unabhängigkeit vom Auslande, nicht bei Dürftigkeit, sondern bei dem höchst möglichen Wohlstande, der Nation zu verschaffen, hat die Regierung an dem eingezogenen Weltgelde das wirksamste Mittel; um für dieses Geld von den Kräften und den Hülfsmitteln des Auslandes so viel zu leihen, und zu kaufen, als sie nur immer brauchen kann. Sie ziehe um jeden Preis aus dem Auslande grosse Köpfe in praktischen Wissenschaften, erfindende Chemiker, Physiker, Mechaniker, Künstler und Fabricanten an sich. Sie bezahle, wie keine andere Regierung kann, so wird man sich drängen, ihr zu dienen. Sie mache mit diesen Ausländern einen Vertrag auf Jahre, innerhalb welcher sie ihre Wissenschaft und Kunst in das Land bringen und die Inländer unterrichten, und bei ihrem Abzuge ihre Belohnung in Weltgelde, gegen das bisher an sie ausgezahlte Landesgeld ausgewechselt erhalten. Ziehen sie bereichert mit dem, was in ihrem Vaterlande gilt, in dasselbe zurück! Oder wollen sie bleiben und sich einbürgern, so ist es desto besser: nur lasse man ihnen freie Wahl, und verbürge sie ihnen gleich im Anfange feierlich. – Man kaufe die Maschinen des Auslandes, und mache sie im Lande nach. Geldverheissung siegt über jedes Verbot.

Nachdem ausgemacht ist, welche Zweige der Kunst in das Land eingeführt werden können, befördere die Regierung die Production besonders auch in Rücksicht des rohen Stoffes für jene Kunstzweige, zur Erbauung des stellvertretenden, wenn der ächte in diesem Klima nicht erbaut werden kann, zur Veredlung des bisher üblichen. Fast jedes Klima hat seine eigenen Stellvertreter für jedes ausländische Product, nur dass der erste Anbau die Mühe nicht lohnt.[5] Die Regierung, von welcher wir reden, kann sie

5   Z.B. an baumwollene Zeuge hat unser Zeitalter sich sehr gewöhnt, sie haben eigene Bequemlichkeiten, und es wäre nicht ohne einige Härte, dieselben gänzlich abzuschaffen. Nun wächst die wahre Baumwolle in den nördlichen Ländern nicht, und es ist gar nicht darauf zu rechnen, dass die Bewohner der Länder, in denen sie wächst, fortdauernd uns dieselbe unverarbeitet werden zukommen lassen. Ich würde sonach allerdings verlangen, dass einschliessender nördlicher Staat die Einfuhr der indischen, levantischen, maltesischen Baumwolle untersagte, ohne uns doch der baumwollenen Zeuge zu berauben Aber tragen nicht mehrere Grasarten, Stauden, Bäume in unseren Klimaten eine wohl ebenso reine, und durch Cultur noch sehr zu veredelnde Wolle? Ich erinnere mich gehört zu haben, dass vor mehreren Jahren in der Oberlausitz aus lauter inländischen Producten ein Stück Zeug verfertigt

belohnen, denn sie hat keinen Aufwand zu scheuen. Sie ziehe jedes Product, dessen vortheilhafter Anbau, jede edlere Thierart, deren Erziehung im Lande wahrscheinlich ist, herein in dasselbe. Sie lasse keinen Versuch mit ihnen, sowie mit der Veredelung der alten einheimischen Producte, selbst im Grossen, unangestellt bleiben.

Es giebt hierin ein bestimmtes Ziel, dessen Erreichung vor der völligen Verschliessung des Staates die Regierung sich vorsetzen muss: dieses, dass alles, was im Zeitpuncte der Verschliessung irgendwo auf der Oberfläche der grossen Handelsrepublik hervorgebracht wird, von nun an im Lande selbst hervorgebracht werde, inwiefern es in diesem Klima irgend möglich ist. Dieses Ziel habe sie gleich vom Anfange im Auge: auf dasselbe hinarbeite sie planmässig, nach Maassgabe desselben lenke sie den vorläufig noch zu verstattenden Handel mit dem Auslande. Ist dieses Ziel erreicht, dann schliesst sich der Staat; und die weitere Vervollkommnung aller

worden, das dein besten ausländisch baumwollenen Zeuge geglichen oder es übertroffen. – »Aber die Aufsuchung dieser zerstreuten Wolle, die Zubereitung derselben, u.s.w. kostet weit mehr, als die ausländische Wolle, wenn sie bei uns ankommt.« Ich zweifle nicht daran, so wie die Sachen gegenwärtig Stehen. Aber wenn ihr z.B. die euch bekannte wollenreichste Grasart des Landes ordentlich säetet, sie durch alle in des Menschen Gewalt stehende Mittel veredeltet, zweckmässige Werkzeuge zur Einsammlung und Zubereitung dieser Art von Wolle erfändet, so würdet ihr vielleicht nach Verlauf einiger Jahre eine ebenso wohlfeile Wolle, als die ausländische, und vielleicht noch überdies an dem Samen der Grasart ein neues, gesundes und wohlschmeckendes Nahrungsmittel gewinnen. Was vermag nicht der Mensch durch Cultur aus der unscheinbarsten Pflanze zu machen? Sind nicht unsere gewöhnlichen Getreidearten, ursprünglich Gras, – durch ihren Anbau seit Jahrtausenden in den mannigfaltigsten Klimaten, so veredelt und verwandelt worden, dass man die wahre Stammpflanze in der wilden Vegetation nicht wiederzufinden vermag! Wohl; aber unsere Generation ist so sehr im Gedränge wahrer und erkünstelter Bedürfnisse, dass wir nur jahrelange Operationen und auf Versuche, die zuletzt doch mislingen könnten, keine Zeit noch Mühe zu verwenden haben. Wir müssen bei dem durchaus bekannten, sicheren, die Mühe auf der Stelle belohnenden stehen bleiben Aus diesem Gedränge eben rettet sich ein Staat durch die angezeigte Maasregel: er hat Vermögen genug, auf seine eigenen Kosten alles zu versuchen, und den Erfolg ruhig zu erwarten. Im Lande kostet es ihm nichts weiter, als ein Stück Geld, das er mit leichter Mühe verfertigt: im Auslande ein Stück Geld anderer Art, das mit der Zeit seinen Werth ganz verlieren wird.

menschlichen Geschäfte geht in demselben von nun an, abgesondert von der übrigen Welt, nach einem so guten Anfange ihren Gang rasch fort.

IV.

Zu gleicher Zeit, da diese Maassregeln ausgeführt werden, rücke der Staat ein in seine natürlichen Grenzen.

Ich enthalte mich gewisser hieher einschlagender Untersuchungen, die leicht gehässig werden können, und von den Philosophen fast immer nur einseitig geführt worden, und bemerke bloss folgendes:

Die Regierung, von welcher wir reden, hat vermöge ihres Geld-Reichthums das Vermögen, sich so zu rüsten, von den Hüfsmitteln und Kräften des Auslandes auch zu diesem Zwecke soviel an sich zu kaufen und zu dingen, dass ihr kein Widerstand geleistet werden könne; so, dass sie ihre Absicht ohne Blutvergiessen und beinahe ohne Schwertschlag erreiche, und dass ihre Operation mehr ein Occupationszug sey, als ein Krieg.

Unmittelbar nach der Occupation werde in den hinzugekommenen Provinzen dieselbe Geldoperation vorgenommen, wie im Mutterlande; und dieser folgen die in demselben herrschenden Verbesserungen des Ackerbaues und der Fabriken.

Durch das erstere Mittel werden die neuen Bürger kräftigst an das Mutterland gebunden, indem ihnen das Mittel, mit anderen zu verkehren, entrissen wird. Durch das letztere, welches offenbar ihren höheren Wohlstand beabsichtiget und befördert, werden sie ihrer neuen Regierung befreundet.

Es dürfte zweckmässig seyn, einen Theil der Bewohner der neuen Provinzen durch freundliche Mittel in das Mutterland zu ziehen, an deren Stelle aus dem Mutterlande andere in die neuen Provinzen zu schicken: und so die alten und die neuen Bürger zu verschmelzen. Auch in Rücksicht des Ackerbaues und der Industrie dürfte diese Verschmelzung von guten Folgen seyn, da ja vorausgesetzt worden, dass die neuen Provinzen auch mit um ihrer natürlichen Verschiedenheit willen zum Mutterlande gehörten, und mit ihm ein vollendetes System der Production ausmachten. Bringen diese neuen Unterthanen das, was an ihrer Verfahrungsart bei Ackerbau und Kunst vorzüglich ist, in das Mutterland; indess die alten Bewohner des letzteren das, was sie besser verstehen, in die neuen Provinzen übertragen!

Sowie die Occupation vollendet ist, erscheine ein Manifest der Regierung an alle Staaten, in welchem sie über die Gründe dieser Occupation, nach den hier aufgestellten Grundsätzen, Rechenschaft ablegt, und durch diese Grundsätze selbst, die von nun an für sie nicht weiter anwendbar sind, die Bürgschaft leistet, feierlich sich verbindet und versichert: dass sie an keinen politischen Angelegenheiten des Auslandes von nun an weiter Antheil haben, keine Allianz eingehen, keine Vermittelung übernehmen und schlechthin unter keinem Vorwande ihre gegenwärtige Grenzen überschreiten werde.

50

Siebentes Capitel.

Erfolg dieser Maassregeln.

Nachdem im Innern der Ackerbau und die Fabriken auf den beabsichtigten Grad der Vollkommenheit gebracht, das Verhältniss jener beiden zu einander, des Handels zu beiden, und der öffentlichen Beamten zu allen dreien, berechnet, geordnet und festgesetzt ist; in Beziehung auf das Ausland der Staat in seine Grenzen eingerückt ist, und von keinem Nachbar etwas zu fordern, noch auch an ihn abzutreten hat, tritt die völlige Schliessung des Handelsstaates, und die ganze in unserem ersten Buche beschriebene Verfassung des öffentlichen Verkehrs ein. Das Volk befindet sich, zufolge der vor der Schliessung gemachten Verbesserungen, in einem beträchtlichen Wohlstande, und von diesem Wohlstande geniessen alle ihren geziemenden Theil. Was irgend ein Bürger bedarf und haben soll, hat sicher irgend einer seiner Mitbürger, welcher auf sein Bedürfniss berechnet ist, und der erstere kann es erhalten, sobald er will. Was irgend einer übrig hat, bedarf sicher irgend ein anderer, dessen Bedürfniss auf den Überfluss des ersteren berechnet ist, und der erstere kann es bei diesem anbringen, sobald er will. Jedes Stück Geld, das einer an sich bringt, bleibt ihm und seinen Enkeln und Urenkeln für ewige Zeiten ganz sicher dieser bestimmten Waare, z.B. dieses Maasses Korn werth, und er kann es dafür zu jeder Stunde austauschen. Steigen zwar kann der Werth dieses Geldes gegen Waare, aber nie fallen. – Jeder ist bei der Fortdauer seiner Arbeit der Fortdauer seines gewohnten Zustandes sicher. Verarmen und in Mangel kommen kann keiner; ebensowenig seine Kinder und seine Enkel, wenn sie nur soviel arbeiten, als von ihnen nach der allgemeinen Landessitte gefordert wird. Keiner kann bevortheilt werden; keiner bedarf es, einen anderen zu bevortheilen, oder, wenn er es auch aus reiner Liebe zum Betruge wollte, so findet er keinen, gegen den er es vermöchte. – Ich enthalte mich hier gänzlich, einen Blick auf die Folgen zu werfen, die eine solche Verfassung für die Legalität und Moralität des glückseligen Volkes haben müsste, das sich in derselben befände; möchte mir aber wohl erlauben, den Leser zu einer solchen Betrachtung einzuladen.

Es tritt von nun an die völlige Schliessung des Handelsstaates ein, sagte ich. Alles, was im Lande gebraucht oder verkauft wird, ist im Lande erbaut oder gearbeitet, und umgekehrt, alles, was im Lande erbaut oder gearbeitet wird, wird in demselben auch gebraucht und verkauft. Weder der Privatmann, noch, wie von der Einführung des Landesgeldes an, bis zur gänzlichen Schliessung, die Regierung hat den mindesten Handelsverkehr mit dem Auslande. Nur für Einen Fall liesse sich die Beibehaltung einiges ausländischen Handels denken; für folgenden: der Anbau eines Productes, – sey es der Wein, – ist in Einem Klima, z.B. in den sehr nördlich gelegenen Ländern, obgleich nicht durchaus unmöglich, doch sehr unvortheilhaft, dagegen in einem anderen, etwa im südlichen Frankreich, höchst vortheilhaft. Nun ist hinwiederum im nördlichen Klima etwa der Anbau des Korns sehr vortheilhaft. Zwischen solchen, durch die Natur selbst zu einem fortdauernden Tauschhandel bestimmten Staaten könnte der Handelsvertrag errichtet werden, dass der eine zu ewigen Zeiten für den anderen diese bestimmte Quantität Wein, der andere diese bestimmte Quantität Korn erbauen wolle. Es müsste hiebei von keiner Seite auf Gewinn, sondern auf die absolute Gleichheit des Werthes gesehen werden; es bedürfte daher für diesen Handel, den die Regierungen selbst, keinesweges Privatpersonen zu führen haben, auch keines Geldes, sondern nur der Abrechnung. Die bleibenden Preise garantirt dem Bürger die Regierung: die Fortdauer des Tausches die Natur, da ja der Voraussetzung nach, dieser Tausch vortheilhaft für beide Staaten ist, und beide einer des

anderen gegenseitig bedürfen.

Auch bleibt ein Fall übrig, in welchem, sowohl während des Verschliessens als nach der völligen Verschliessung des Staates, die Einwohner des Weltgeldes bedürfen könnten: der Fall der Auswanderung und der Reisen in fremde Länder. Die Regierung müsste bei Promulgation des neuen Geldes die Versicherung von sich geben, dass sie in diesem Falle das letztere gegen Weltgeld zu dem Verhältnisse, als beides zur Zeit der Promulgation gegen einander gestanden, einwechseln werde.

99

Eine beträchtliche Emigration wäre höchstens im Anfange zu befürchten, von Personen, welchen die neue Ordnung, welche allein wahre Ordnung ist, lästig, drückend, pedantisch vorkommen würde. An ihren Personen verliert der Staat nichts. Das durch ihre Auswanderung der Regierung entzogene Geld würde im Verhältnisse gegen das Ganze nicht beträchtlich seyn. Sie können höchstens nur soviel ziehen, als im Zeitpuncte der Geldveränderung baares Geld in ihren Händen war. Die Regierung zieht, was in Aller Händen ist: da die Auswandernden denn doch die wenigeren sind, so ist auch ihr Geld bei weitem der geringste Theil des Vorhandenen. – Soviel wirklich baares Geld in ihren Händen war, habe ich gesagt; denn nach der Geldveränderung Producte oder Ländereien zu verkaufen, und den Werth dieser von der Regierung in Weltgelde zu ziehen, soll ihnen nicht erlaubt werden. Ob etwas dieser Art geschehen ist, weiss die Regierung aus ihren Handelsbüchern, und der Ertrag eines solchen Verkaufes wird nicht ausgewechselt Höchstens können sie dafür die Interessen lebenslänglich in das Ausland erhalten. Der Stamm, als Bestandtheil des Nationalvermögens, bleibt im Lande, und fällt an ihre nächsten nicht ausgewanderten Erben.

Zu reisen hat aus einem geschlossenen Handelsstaate nur der Gelehrte und der höhere Künstler: der müssigen Neugier und Zerstreuungssucht soll es nicht länger erlaubt werden, ihre Langeweile durch alle Länder herumzutragen. Jene Reisen geschehen zum Besten der Menschheit und des Staates; weit entfernt, sie zu verhindern, müsste die Regierung sogar dazu aufmuntern, und auf öffentliche Kosten Gelehrte und Künstler auf Reisen schicken. Wahrend der Verschliessung treibt die Regierung selbst noch Handel, steht mit dem Auslande in Berechnung, und kann auf dasselbe leicht Anweisungen geben. Dass sie der einzige Banquier für das Ausland ist, ergiebt aus dem obigen sich von selbst. Nach vollendeter Schliessung müsste sie freilich, so lange Gold und Silber im Auslande noch gilt, und sie selbst welches besitzt, dieses hergeben, oder im Auslande anweisen. – Jedoch, ob dieses noch gelte, oder ob es rundherum abgeschafft sey: es bietet sich von selbst die beste Auskunft dar. Es ist zu erwarten, dass in dieses geschlossene Land, den Sitz des blühendsten Ackerbaues, der Fabriken, der Künste, wohl ebenso viele Ausländer, die da wissen, was sie auf Reisen zu suchen haben, kommen werden, als Einheimische aus demselben in das Ausland reisen. Diese bedürfen während ihres Aufenthaltes im Lande des Landesgeldes, das sie nur durch Anweisungen auf die Regierung bekommen können. Dadurch erhält die letztere

Schuldforderungen im Auslande, auf die sie ihre reisenden Bürger anweisen könne. Es ist zu erwarten, dass im Ganzen beides gegen einander aufgehen werde.

Das Verhältniss des Volkes zur Regierung, und in einem monarchischen Staate zur regierenden Familie, ist durchaus glücklich. Die Regierung wird wenig Abgaben zu erheben haben, denn sie wird wenig bedürfen. Zwar hat sie fortdauernd eine Menge Geschäfte, Berechnungen und Aufsichten zu führen, um das Gleichgewicht im öffentlichen Verkehr, und im Verhältniss aller zu allen unverrückt zu erhalten, welche die gegenwärtigen Regierungen nicht haben. Aber es ist nicht zu glauben, dass ihr Personale auch nur so zahlreich seyn werde, als es bei der hergebrachten Lage der Dinge ist. Die Leichtigkeit der Staatsverwaltung, sowie aller Arbeit, hängt davon ab, dass man mit Ordnung, Übersicht des Ganzen, und nach einem festen Plane zu Werke schreite; dass das vollbrachte nun auch wirklich vollbracht sey, und nicht wieder von neuem angefangen werden müsse; ferner, dass man sich nichts vorsetze, das nur den Widerstand reizt, und doch nie durchgesetzt werden kann. Diese feste Ordnung der Geschäfte ist in dem beschriebenen Staate, und es wird nichts befohlen, wozu man nicht durch die natürlichsten Mittel nöthigen kann.

Ferner bedarf dieser Staat nicht mehr stehender Truppen, als zur Erhaltung der inneren Rübe und Ordnung nöthig sind; indem er keinen Eroberungskrieg führen will, und, da er auf allen Antheil an den politischen Verhältnissen anderer Staaten Verzicht geleistet hat, einen Angriff kaum zu fürchten bat. Für den letzteren äusserst unwahrscheinlichen Fall übe er alle seine waffenfähige Bürger in den Waffen.

Die wenigen Abgaben, welche die Regierung für diese Zwecke braucht, können, zufolge der Einrichtung des öffentlichen Handels, auf eine leichte, natürliche, und für die Unterthanen durchaus nicht drückende Weise gezogen werden.

Aus denselben Gründen ist nicht zu befürchten oder zu vermuthen, dass sie jemals der willkürlichen Vermehrung der circulirenden Geldmasse sich als eines Bereicherungsmittels bedienen werde. Wozu in aller Welt könnte sie doch dieser Vermehrung ihres Reichthums sich bedienen wollen? Was sie nicht nur zur Nothdurft, sondern sogar zum Überflusse bedarf, kann sie auf die leichteste Weise herbeibringen. Jenes Bereicherungsmittel aber würde nothwendig Unordnung, nicht zu berechnende Abweichungen von den Berechnungen, auf welche die Staatsverwaltung sich gründet, und eben dadurch eine Unsicherheit, Verwirrung, und

Schwierigkeit dieser Verwaltung selbst hervorbringen, deren Druck zu allererst auf die Regierung selbst fallen würde.

Die Hauptquelle des Misvergnügens der Unterthanen gegen ihre Regierung, die Grösse der Auflagen, die oft drückende Weises sie zu erheben, und die Verpflichtung Militärdienste zu leisten, ist dadurch abgeleitet und aufgehoben.

Die Regierung des beschriebenen Staates hat selten zu strafen, selten gehässige Untersuchungen anzustellen. Die Hauptquelle der Vergehungen von Privatpersonen gegen einander, der Druck der wirklichen Noth, oder die Furcht der zukünftigen, ist gehoben: und eine grosse Anzahl von Vergehungen sind durch die eingeführte strenge Ordnung ganz unmöglich gemacht. Verbrechen gegen den Staat, Aufwiegelung und Aufruhr ist ebensowenig zu befürchten. Es ist den Unterthanen wohl, und die Regierung ist die Wohlthäterin gewesen.

Der erste Staat, der die beschriebenen Operationen vorzunehmen wagt, wird so in die Augen fallende Vortheile davon haben, dass sein Beispiel von den übrigen Staaten bald nachgeahmt werden wird. Aber nur der, welcher zuerst kommt, hat davon die grössten Vortheile. So wie dieser sein Gold- und Silbergeld in die übrige Welt ausströmt, verliert dieses in derselben, weil dessen mehr wird. Wie ein zweiter ihm nachfolgt, verliert dasselbe noch mehr an seinem eingebildeten Werthe, und sofort, bis alle Staaten ihr eigenes Landesgeld haben, und Gold und Silber nirgend mehr Geld ist, sondern Waare wird, und nur nach seinem wahren inneren Werthe geschätzt. Deswegen braucht der erste schliessende Staat seines Goldes oder Silbers nicht zu schonen; je früher er es ausgiebt, desto mehr erhält er dafür: späterhin wird es ganz zu seinem inneren wahren Werthe herabsinken. Der hierin der erste ist, gewinnt am meisten: jeder, der später kommt, um so viel weniger, als er später kommt.

Es ist klar, dass unter einer so geschlossenen Nation, deren Mitglieder nur unter einander selbst, und äusserst wenig mit Fremden leben, die ihre besondere Lebensart, Einrichtungen und Sitten durch jene Maassregeln erhält, die ihr Vaterland und alles Vaterländische mit Anhänglichkeit liebt, sehr bald ein hoher Grad der Nationalehre, und ein scharfbestimmter Nationalcharakter entstehen werde. Sie wird eine andere, durchaus neue Nation. Jene Einführung des Landesgeldes ist ihre wahre Schöpfung.

Achtes Capitel.

Eigentlicher Grund des Anstosses, den man an der vorgetragenen Theorie nehmen wird.

Die Einwürfe, welche man gegen einzelne Theile unserer Theorie machen könnte, habe ich im Verlaufe der Untersuchung zu heben gesucht. Aber bei einem grossen Theile der Menschen fruchtet es nichts, dass man mit ihnen auf Gründe eingehe, indem ihre ganze Denkart nicht nach Gründen, sondern durch den blinden Zufall zu Stande gekommen ist, sie den ihnen dargebotenen Faden in jedem Augenblicke wieder verlieren, vergessen, was sie soeben gewusst und eingesehen haben, und woraus man gegenwärtig folgert, und so immer wieder zu der gewohnten Denkweise zurückgerissen werden. Können diese auch gegen keinen der Theile, aus denen das Ganze besteht, etwas vorbringen, so bleiben sie doch dem Ganzen abgeneigt.

Oft ist es nützlicher, den ihnen selbst verborgenen Grund ihrer Denkart aufzusuchen, und vor ihre Augen zu stellen. Werden auch die schon – gemachten Männer dadurch nicht gebessert, so kann man doch hoffen, dass diejenigen, die noch an sich bilden, und die künftigen Generationen, die Fehler und Irrthümer der vorhergehenden vermeiden werden.

So halte ich folgendes für den wahren Grund, warum die hier aufgestellten Ideen vielen innigst misfallen, und sie es nicht aushalten werden, denjenigen Zustand der Dinge sich zu denken, den diese Ideen beabsichtigen: Es ist ein gegen den Ernst und die Nüchternheit unserer Vorfahren abstechender charakteristischer Zug unseres Zeitalters, dass es spielen, mit der Phantasie umherschwärmen will, und dass es, da nicht viel andere Mittel sich vorfinden, diesen Spieltrieb zu befriedigen, sehr geneigt ist, das Leben in ein Spiel zu verwandeln. Einige Zeitgenossen, die diesen Hang gleichfalls bemerkten, und selbst weder poetische noch philosophische Naturen waren, haben der Poesie und Philosophie die Schuld dieser Erscheinung aufgebürdet, da doch die erstere jenen auf etwas anderes ableitet, und die letztere ihn, inwiefern er auf das Leben geht, bestritten. Wir glauben, dass er ein durch die blosse Natur herbeigeführter nothwendiger Schritt auf der fortrückenden Bahn unseres Geschlechtes sey.

Zufolge dieses Hanges will man nichts nach einer Regel, sondern alles durch List und Glück erreichen. Der Erwerb, und aller menschliche Verkehr soll einem Hazardspiele ähnlich seyn. Man könnte diesen Menschen dasselbe, was sie durch Ränke, Bevortheilung anderer, und vom Zufalle erwarten, auf dem geraden Wege anbieten, mit der Bedingung, dass sie sich nun damit für ihr ganzes Leben begnügten, und sie würden es nicht wollen. Sie erfreut mehr die List des Erstrebens, als die Sicherheit des Besitzes. Diese sind es, die unablässig nach Freiheit rufen, nach Freiheit des Handels und Erwerbes, Freiheit von Aufsicht und Polizei, Freiheit von aller Ordnung und Sitte. Ihnen erscheint alles, was strenge Regelmässigkeit und einen festgeordneten, durchaus gleichförmigen Gang der Dinge beabsichtigt, als eine Beeinträchtigung ihrer natürlichen Freiheit. Diesen kann der Gedanke einer Einrichtung des öffentlichen Verkehrs, nach welcher keine schwindelnde Speculation, kein zufälliger Gewinn, keine plötzliche Bereicherung mehr stattfindet, nicht anders als widerlich seyn.

Lediglich aus diesem Hange entsteht jener Leichtsinn, dem es mehr um den Genuss des laufenden Augenblickes, als um die Sicherheit der Zukunft zu thun ist, dessen Hauptmaximen diese sind: es wird sich schon finden, wer weiss, was indessen geschieht, was für ein Glücksfall sich ereignet; dessen Lebensweisheit bei Einzelnen, und Politik bei Staaten in der Kunst besteht, sich nur immer aus der gegenwärtigen Verlegenheit zu helfen, ohne Sorge für die zukünftige, in die man sich durch das Auskunftsmittel stürzt. Diesem Leichtsinne ist die Sicherheit der Zukunft, welche man ihm verspricht, und die er nie begehrte, kein geltender Ersatz für die Ungebundenheit des Augenblickes, welche allein Reiz für ihn hat. 51

Wie es nicht leicht irgend einer vernunftwidrigen Denkart an einem vernünftig scheinenden Vorwande fehlt! so auch dieser. So hat man an dem ausgebreiteten Welthandelssysteme uns die Vortheile der Bekanntschaft der Nationen unter einander durch Reisen und Handelschaft, und die vielseitige Bildung, die dadurch entstehe, viel angepriesen. Wohl: wenn wir nur erst Völker und Nationen wären; und irgendwo eine feste Nationalbildung vorhanden wäre, die durch den Umgang der Völker mit einander in eine allseitige, rein menschliche übergehen, und zusammenschmelzen könnte. Aber, sowie mir es scheint, sind wir über dem Bestreben, Alles zu seyn, und allenthalben zu Hause, nichts recht und ganz geworden, und befinden uns nirgends zu Hause.

Es giebt nichts, das allen Unterschied der Lage und der Völker rein aufhebe, und bloss und lediglich dem Menschen, als solchem, nicht aber dem Bürger angehöre, ausser der Wissenschaft. Durch diese, aber auch nur durch sie, werden und sollen die Menschen fortdauernd zusammenhängen, nachdem für alles übrige ihre Absonderung in Völker vollendet ist. Nur diese bleibt ihr Gemeinbesitz, nachdem sie alles übrige unter sich getheilt haben. Diesen Zusammenhang wird kein geschlossener Staat aufheben; er wird ihn vielmehr begünstigen, da die Bereicherung der Wissenschaft durch die vereinigte Kraft des Menschengeschlechtes sogar seine abgesonderten irdischen Zwecke befördert. Die Schätze der Literatur des Auslandes werden durch besoldete Akademien eingeführt, und gegen die des Inlandes ausgetauscht werden.

Kein Staat des Erdbodens, nachdem nur erst dieses System allgemein geworden, und der ewige Friede zwischen den Völkern begründet ist, hat das mindeste Interesse einem anderen seine Entdeckungen vorzubehalten; indem ja jeder sie nur innerlich für sich selbst, keinesweges aber zur Unterdrückung anderer, und um sich ein Übergewicht über sie zu verschaffen, gebrauchen kann. Nichts sonach verhindert, dass die Gelehrten und Künstler aller Nationen in die freiste Mittheilung mit einander eintreten. Die öffentlichen Blätter enthalten von nun an nicht mehr Erzählungen von Kriegen und Schlachten, Friedensschlüssen oder Bündnissen; denn dieses alles ist aus der Welt verschwunden. Sie enthalten mir noch Nachrichten von den Fortschritten der Wissenschaft, von neuen Entdeckungen, vom Fortgange der Gesetzgebung, der Polizei; und jeder Staat eilt, die Erfindung des anderen bei sich einheimisch zu machen.

Biographie

1762	*19. Mai:* Johann Gottlieb Fichte wird in Rammenau bei Bischofswerda in der Oberlausitz als Sohn eines Bandwirkers geboren.
1774	Der Freiherr von Miltitz ermöglicht dem Jungen die Ausbildung in Schulpforta. Anschließend studiert er Theologie in Jena und Leipzig.
1784	Fichte wird Hauslehrer in verschiedenen sächsischen Orten.
1788	Fichte geht nach Zürich, wo er sich mit einer Nichte Klopstocks, Johanna Rahn, verlobt.
1790	Er gibt in Leipzig einem Studenten Unterricht in Kantischer Philosophie. Es erscheinen »Aphorismen über Religion und Deismus«.
1791	Fichte geht von Warschau, wo ihm eine Erzieherstelle in Aussicht gestellt worden war, nach Königsberg. Kant vermittelt ihm einen Verleger für seine ein Jahr später anonym veröffentlichte Schrift religionsphilosophischen Inhalts.
1792	Es erscheint »Versuch einer Kritik aller Offenbarung«. Diese Publikation macht Fichte schlagartig berühmt, da sie allgemein für Kants seit einiger Zeit angekündigte Schrift zu demselben Gegenstand gehalten wird, die 1793 erschienene »Religion innerhalb der Grenzen der bloßen Vernunft«. Fichte ist für kurze Zeit Hauslehrer beim Grafen von Krokow bei Danzig.
1793	Er geht wieder nach Zürich und heiratet Johanna Rahn. »Zurückforderung der Denkfreiheit von den Fürsten Europas«. »Beiträge zur Berichtigung der Urteile des Publikums über die französische Revolution«.
1794	Fichte wird als Nachfolger Reinholds Professor der Philosophie in Jena. Er hat Einfluß auf die Brüder August und Friedrich Schlegel, Novalis, Friedrich Hölderlin und F. W. J. Schelling. Es erscheint »Über den Begriff der Wissenschaftslehre oder der sogenannten Philosophie«, gefolgt von »Grundlage der gesamten Wissenschaftslehre«. Fichte geht vom formallogischen Satz der Identität aus, in dem er das oberste, unmittelbar gewisse und keines

Beweises bedürftige und fähige Prinzip einer praktischen Philosophie der Freiheit ausfindig gemacht zu haben glaubt. Er übt von diesem Prinzip einer in intellektueller Anschauung gesetzten Tathandlung Kritik an Kants »Ding an sich«, in dem er eine vor dem Absolutheitsanspruch idealistischer Philosophie nicht zu rechtfertigende Reminiszens an den Realismus eines lediglich bedingt gültige Urteile fällenden Verstandes erblickt. »Über die Bestimmung des Gelehrten«.

1795	»Grundriß des Eigentümlichen der Wissenschaftslehre«.
1796	»Grundlage des Naturrechts«.
1797	»Erste Einleitung in die Wissenschaftslehre«.
	»Versuch einer neuen Darstellung der Wissenschaftslehre«.
1797-98	»Das System der Sittenlehre«.
1798	In Niethammers »Philosophischem Journal« erscheint Fichtes »Über den Grund unseres Glaubens an eine göttliche Weltregierung«.
1798/99	Der sogenannte Atheismusstreit führt zur Entlassung des Professors. Er hatte Gott in seinem Journal-Artikel als »sittliche Weltordnung« bestimmt. Darauf erscheint »Appellation an das Publikum gegen die Anklage des Atheismus«.
1799	Fichte läßt sich in Berlin nieder und arbeitet als Privatgelehrter an seiner »Wissenschaftslehre«; außerdem hält er öffentliche Vorlesungen.
1800	»Der geschlossene Handelsstaat«.
	»Die Bestimmung des Menschen«.
1801	»Sonnenklarer Bericht über das Wesen der neueren Philosophie«.
	»Darstellung der Wissenschaftslehre«.
1805	Fichte bekommt eine Professur in Erlangen, wo er aber lediglich ein Sommersemester liest.
1806	Nach der Niederlage Preußens im Krieg gegen Napoleon geht er, ein erklärter Gegner Napoleons, zusammen mit der preußischen Regierung nach Königsberg, um dort an der Universität zu lehren.
	»Die Grundzüge des gegenwärtigen Zeitalters«.
	»Die Anweisung zum seligen Leben«.
	»Über das Wesen des Gelehrten«.
1807/08	Fichte hält seine berühmten »Reden an die deutsche Nation«

im von den Franzosen besetzten Berlin.

1808   Fichte erkrankt schwer.

»Reden an die deutsche Nation«.

1809   Er wird Professor an der neugegründeten Berliner Universität.

1810   »Die Wissenschaftslehre in ihrem allgemeinen Umrisse«.

»Die Tatsachen des Bewußtseins«.

1811   Fichte ist der erste gewählte Rektor der Universität, tritt aber vorzeitig von seinem Amt zurück.

1812   »Rechtslehre«.

»Staatslehre«.

1814   *29. Januar*: Fichte stirbt in Berlin.

Lightning Source UK Ltd.
Milton Keynes UK
UKHW021901170920
370043UK00010B/146